Y.² 715. p.
B

Daniel jost de Villeneuve

LE VOYAGEUR PHILOSOPHE DANS UN PAIS INCONNU AUX HABITANS DE LA TERRE.

Multa incredibilia vera.
Multa credibilia falsa.

Par Mr. DE LISTONAI.

TOME PREMIER.

A AMSTERDAM,
AUX DEPENS DE L'EDITEUR.
M. DCC. LXI.

EPITRE

A

MOI-MEME.

J'ai cru longtems Philémon le plus cher de mes amis, même le seul; je suis détrompé; vous avez toujours eu sur lui la préférence.

J'ai cru aussi quelquefois aimer des Belles pour elles-mêmes; j'ai reconnu depuis que, prenant la passion pour le sentiment, je ne voyois dans leurs traits charmans, je n'aimois réellement que vous.

Ne nous méprenons point ; notre véritable, notre unique ami, c'est nous-mêmes: vérité de sentiment ; chacun en est pénétré intérieurement. Quelques jeunes gens se la dissimulent, quelques sots la sentent foiblement, peu d'âmes sont capables de s'en laisser convaincre. Je l'avoue avec d'autant plus de franchise, que, sans crainte d'être taxé d'orgueil, encore moins de mépris pour

---

(*a*). Il y a peu de comparaisons aussi heureuses que celle, qu'a faite un Philosophe, de l'amour propre avec la chaleur naturelle. Deux principes d'action ne peuvent avoir plus de ressemblance ; chacun dans leur ordre, ils sont égale-

pour tout ce qui est hors de moi, j'y reconnois un pur sentiment naturel, que tout être organisé éprouve machinalement, du génie le plus sublime à l'animal le plus borné dans ses sensations, de Newton à l'huître.

Pourquoi rougirois-je de reconnoître l'amour-propre pour mobile de toutes les actions humaines; puisque, bien dirigé, il est la source de toutes les vertus sociales, & conséquemment lié au bien général (*a*)? Loin donc de chercher à détruire un sentiment inhérent à la na-

---

lement nécessaires. L'un est le premier ressort de tous les mouvemens physiques, l'autre le mobile perpétuel de toutes les actions morales. Ils agissent tous deux avec une uniformité constante; cependant nous ne les sentons pas.

nature de tout être penſant, néceſſaire & bon dans ſon principe, nuiſible ſeulement par l'abus, qu'on peut en faire, il faut au contraire lui fournir des alimens propres à ſon entretien, pour notre bien-être, & en ménager la délicateſſe dans autrui.

Si l'amour propre eſt à la fois utile & dangereux, ainſi que la raiſon & les paſſions, il eſt, comme elles, un préſent du Ciel dont, l'emploi étant en nos mains, nous pou-

---

Si l'excès de l'un & de l'autre rompt l'équilibre, ils deviennent nuiſibles, d'utiles qu'ils étoient, l'un corrompt les meilleures qualités de l'âme, l'autre conſume les parties les plus néceſſaires à la vie.

(a) *Qui ſibi amicus eſt, ſcito hunc amicum omnibus eſſe.*   Senec. Ep. VI.

pouvons régler l'usage à notre profit & à l'avantage de nos semblables (*a*). Lui seul, en imprimant dans l'âme le désir de l'estime publique, peut mettre un frein aux penchans vicieux, assujettir les passions déréglées, épurer la raison, enfanter l'amour de la gloire, la pitié, le désintéressement & porter chaque membre de la société à concourir au bonheur de tous (*b*).

Recevez, Mon cher moi, cet aveu

―――――

(*b*) L'amour propre, a dit un homme d'esprit, est une passion mere, d'où naissent toutes les autres. Bien dirigé, il est le ressort & la vie du monde moral, comme le mouvement est l'âme du monde physique. C'est une passion qui a son centre partout, & n'a sa circonférence nulle part.

reu comme un gage de ma reconnoiſſance, de l'attachement, que vous m'avez témoigné depuis que je reſpire, du zele, avec lequel vous m'avez accompagné dans le tourbillon du monde, dans les affaires, dans la retraite, dans la fortune, dans la diſgrace; agréez auſſi le fruit de mon loiſir. En effet à qui pourrois-je dédier, avec plus de raiſon, la Relation d'un Voyage, que vous avez eu la complaiſance de faire avec moi, un ouvrage que vous avez imaginé, conſeillé, dicté & rédigé vous-même; que je n'ai entrepris que pour flatter votre amour-propre, lors même que je croyois ne travailler, que pour votre inſtruction,

&

& le plaisir du public, & dont vous partagerez le bon ou le mauvais succès. Au moins, en vous le dédiant, plus heureux que le Tasse, l'Arioste, Théodore de Gaza & tant d'autres, je suis dispensé d'entasser ici ces éloges fastidieux & mercénaires (*a*) qui, dans toute Epître Dédicatoire, avilissent également le protecteur & le protégé. Je me contenterai donc de vous supposer des vertus, sans les prôner. Je ne dirai rien de votre esprit, sinon qu'il pourra paroître singulier à quelques-uns, à d'autres déréglé; mais juste à ceux,

---

(*a*) ——— ——— ——— *nec nota potentum Munera.* Æneid. L. XII. v. 519.

ceux, qui l'ont analogué au vôtre: (*a*) Que dirois-je de votre ſtile? Chacun a le ſien, comme chacun a ſon caractere, dont le ſtile prend la teinture. Le vôtre eſt peut-être trop ennemi de la gêne; je le crois cependant plus ſerré que diffus, plus correct que négligé, plus rapide que lâche, & généralement plus clair qu'obſcur. Votre goût pour l'énumération (*b*) trouvera, ſans doute, des critiques. Envain vous appuyerez-vous de Ciceron; c'eſt un foible, qui n'appartenoit

peut-

(*a*) L'Eſprit, a dit un homme de ſens, eſt une corde, qui ne frémit qu'à l'uniſſon.

En général nous n'eſtimons dans autrui que nos penchans, nos goûts & notre image.

(*b*) Figure de Rhétorique, dont le propre eſt de raſſembler, dans un ſtile harmonieux,

une

peut-être qu'à lui. Quant aux qualités du cœur..... ah! je m'épanouis ...; l'usage m'autorise à vous les accorder au plus haut degré.

Vous avez toujours été l'unique confident de mes pensées secrettes; je n'ai qu'à me louer de votre discrétion (*c*). Il n'en est pas de même de vos conseils; je me suis quelquefois mal trouvé de les avoir suivis dans ces tems orageux, où le cœur humain est trop esclave des passions, pour pouvoir en donner & recevoir de sages. Dans un âge

---

une suite de traits frappans, à l'effet de persuader & d'entraîner l'esprit, sans presque lui donner le tems de se reconnoître.

(*c*) Il faut se prêter à autrui; mais ne se donner qu'à soi-même.

Mont.

âge plus mûr, j'en ai reçus d'excellens, dont j'ai fait peu d'usage, parce qu'il a plu aux événemens & aux circonstances d'en suspendre; ou d'en détourner l'effet ; mais que d'obligations ne vous ai-je pas, ainsi qu'à mon tempérament (*a*)? L'un m'a toujours inspiré le désir du bien-être & a veillé, sans relâche, à ma conservation; l'autre m'a rendu facile la pratique de quelques vertus, que la raison, toute seule, n'auroit pu faire éclorre.

Je puis dire, sans fatuité, que notre union a été inaltérable, que nos

_____

(*a*) Que d'orgueilleux, que d'imbéciles tirent sottement vanité de vertus, qu'ils ne doivent qu'à une heureuse organisation!

nos penchans, nos goûts ont été constamment uniformes.

Peut-il y avoir en effet rien de plus parfaitement uni que deux Etres, qui n'ont qu'une âme entre eux! Mus par les mêmes ressorts, asservis à la même raison, & conséquemment le jouet des mêmes passions? L'union de l'âme avec le corps est moins intime, puisque si souvent en opposition, esclaves l'un de l'autre, quoiqu'indépendans, ils éprouvent une gêne, une tirannie continuelle, dont la raison ne triomphe pas toujours (*b*).

On

(*b*) —— —— *quid enim ratione timemus?*
Aut cupimus? quid tam dextro pede concipis, ut te
Conatûs non peniteat, votique peracti?
     Juven. Sat. X. v. 4.

On m'objectera vainement, que l'homme est toujours en contradiction avec lui-même. C'est une de ces Maximes follement consacrées, un de ces Axiomes superstitieusement révérés, dont l'examen démontre la fausseté. L'homme ne peut vouloir & ne pas vouloir en même tems, comme il ne peut avoir deux idées à la fois. Le passage presque imperceptible d'un acte de la volonté à un autre, lui fait confondre le passé avec le présent, & prendre la succession rapide de plusieurs idées pour l'ouvrage d'un seul instant. Je n'ai donc aucun reproche à vous faire de contradictions avec moi, de mesintelligence entre nous.

Mais

Mais que ne vous dois-je pas, Mon cher Moi? C'est vous qui, dès ma plus tendre jeunesse, avez dirigé mon goût à l'étude *des Anciens, de la philosophie & des mathématiques, pour me faire un fonds de goût, de lumieres, & de vérités incontestables* & ne juger ensuite que, d'après moi-même. *Amicus Plato, sed magis amica veritas.*

C'est Vous encore, qui m'avez appris à me défier des principes de l'éducation, variables comme les climats, pour faire usage de ma raison contre la foule de préjugés, qui affiegent l'entendement, parce qu'il est plus facile de se rebeller contre les premieres impressions, que de les déraciner, lorsqu'on qu'on s'est accoutumé à les respecter (*a*). Quoi de plus ridicule, même de plus dangereux ou de plus nuisible aux progrès de la raison, que cette obéissance implicite des disciples de Pytagore à croire aveuglément, lorsque le Maître avoit dit! soumission, digne d'un esclave, & non du disciple d'un Philosophe.

C'est vous qui m'avez fait sentir *la nécessité de voyager*, pour apprendre à connoître les hommes, comparer les mœurs des différens pays,

---

(*a*) On ne peut s'assurer de la route, qui conduit à la vérité, que lorsque l'on connoît celles, qui en éloignent. Or ceux, qui ont obéi sans répugnance & sans réfléxion à toutes les impressions de l'éducation, ont nécessairement

pays, analiser leurs coutumes, rechercher l'esprit de leurs loix, peser les préjugés nationaux, distinguer la vérité de la vraisemblance, m'accoutumer à supposer tout possible: *mais à ne me rendre qu'à l'évidence.*

Je tiens de vous, que plus on s'instruit, & plus on connoît combien il reste à apprendre, & que la voie des sens étant trop étroite, pour nous conduire à la vérité (*b*), il faut douter, avec sagesse, avant que d'asseoir son jugement.

Qu'on n'est heureux, qu'autant qu'on s'imagine l'être, & qu'il n'y

a

ment l'esprit faux, & sont incapables de se réformer.

(*b*) *Quæ sunt tanta animi angustiæ!*
Cic. de Nat. Deor, L. I. C. 31.

a point d'état, ni de situation, où l'on ne puisse se fabriquer une sorte de bonheur.

Que l'homme est presque toujours l'artisan de son bonheur, ou de son malheur; que *le hazard influe beaucoup moins qu'on ne pense sur les événemens*, & qu'après avoir épuisé les moyens honnêtes de contribuer à sa propre félicité, le sage doit céder, sans murmure, aux accidens, qui l'empêchent d'y atteindre.

Que l'on doit supporter, avec patience, tous les maux, attachés à la condition humaine; *maux, dont la plûpart toutefois ne résident que dans l'opinion* (a), & qu'on

peut

(a) On a souvent la pierre en l'âme, avant que de l'avoir aux rheins.

Mont.

peut en diminuer *l'intensité*, en jettant les yeux sur des êtres plus malheureux que soi.

C'est enfin vous, cher Moi-même, qui, en me laissant regretter l'heureuse simplicité (*b*), dans laquelle ont vecu si paisiblement nos premiers ancêtres par l'ignorance de tant de connoissances, *qui font aujourd'hui votre tourment*, m'avez appris à tirer avantage de l'état de société dans la forme établie, & instruit des devoirs du citoyen, qui consistent à respecter la Religion, les Loix, le Gouvernement; *à ne donner entrée, dans son âme à aucun intérêt, qui puisse nuire à l'intérêt*

(*b*) —————— ——— *pu-*
—————————— *ævo rarissima nostro*
Simplicitas. ——— ——— ——— ———
Ovid. de Art. Amandi. L. I.

public; à servir ses semblables, chérir également la vertu dans toutes les conditions, détester les vices, excuser les défauts, se prêter aux foiblesses, gémir des préjugés, & rire secrettement des ridicules.

Dans nos tête-à-tête, (situation si fâcheuse pour la plûpart des hommes, où l'on se cherche, sans pouvoir se trouver, où l'on se fuit, sans pouvoir se separer de soi) dans ces momens aussi redoutables pour un ignorant, que délicieux pour qui se fait un aliment de la réflexion, je me suis convaincu qu'on peut éviter cette funeste maladie de

---

(*a*) S'ennuyer, c'est ne pas penser, ou ne pas sentir, comme on le voudroit; ce qui revient au même, quant à l'effet ; c'est le plus souvent être occupé continuellement des mêmes

de l'âme qu'on appelle ennui (*a*), *en la prévenant par des lectures solides & des occupations utiles ;* qu'on peut, qu'on doit même sacrifier quelques instans au commerce du monde: mais que, sans afficher la misantropie, il vaut mieux quelquefois vivre seul, & indépendant, qu'au milieu de sociétés frivoles, dangereuses ou tiranniques, en d'autres termes, exister en soi, tant qu'il est possible.

Enfin que pour s'assurer une espece de félicité, il faut honorer les Grands de loin, regarder les petits comme des hommes, fuir les ennuieux,

mes pensées, ou éprouver toujours les mêmes sensations, (car l'apathie est un être de raison). L'ennui & le dégoût naissent toujours de l'uniformité. Le Philosophe ne connoît l'ennui que de nom.

nuieux, & se retrancher dans la classe de l'ordre mitoyen.

Sans adieu, Mon cher moi, conservez-moi cette tendre amitié, qui m'a couté si peu à acquerir, mais dont j'ai toujours joui pleinement sous le nom d'amour-propre. Nos biens aiant toujours été en commun, sans altercation, je ne serai point suspect d'intérêt vis-à-vis de vous, & bien éloigné de convoiter votre succession, je vous souhaite au contraire la plus longue vie, exempte de douleurs & d'ennui : & jusqu'à ce que l'âge éteigne en moi toute sensibilité, ou que quelque accident me prive de raison, comptez sur l'attachement sincere & la fidélité inviolable d'un autre

— Vous-meme.

TABLE DES CHAPITRES

DU PREMIER TOME

DISCOURS PRELIMINAI-
RE. - *page* 1

CHAPITRE I. *Relation du Voyage.* - 63

CHAP. II. *Description succincte de Sélénopolis.* 82

CHAP. III. *Connoissances Physiques à la portée du Peuple.* - 110

CHAP. IV. *Connoissances Métaphysiques à la portée du Peuple.* - 170

CHAP.

CHAP. V. *Vanité des Nations.* - - *page* 186

CHAP. VI. *De l'Education Sélénite.* - 207

CHAP. VII. *Etat de la Littérature chez les Sélénites.* - - 240

CHAP. VIII. *Coutumes, Usages & Opinions des Sélénites.* - - 267

LE VOYAGEUR PHILOSOPHE,
DANS UN PAIS INCONNU AUX HABITANS DE LA TERRE.

DISCOURS PRÉLIMINAIRE.

Tout Voyageur est menteur: bon mot attribué à Strabon, ancien Voyageur, celebre Géographe pour son tems. L'auteur de Telemaque eut dit avec autant de raison, tout Poëte est fou: Bossuet, tout Historien est imposteur: Sully, tout Politique est fourbe: Newton, tout Phisicien est visionnaire &c.

Ce proverbe répété pendant dix-sept siécles, accrédité par la prévention, est passé en axiome pour ces Esprits bornés, qui décorant du beau nom d'Univers (a) cette molecule de fange, détrempée d'eau & enveloppée d'air, sur laquelle rampe & s'agite fierement le Roi des animaux, restraignent le Monde entier à la portion de ce petit tout, où la Nature semble avoir cloué l'homme & rivé son entendement, comme n'en devant jamais franchir les limites.

Le demi-Savant s'éleve impérieusement contre tout ce qui n'entre pas dans le cercle étroit de ses idées; le sot, qui lui est presque synonime, se roidit stupidement contre tout ce qui attaque les notions commu-

(a) On entend continuellement dire *le plus grand Monarque du Monde : le plus beau Roïaume de l'Univers.* Un Poëte exact a dit d'Alexandre: *Maître du Monde entier, il s'y trouvoit trop serré.*

munes, ou détruit les opinions en vogue & les préjugés d'habitude, matériaux favoris de sa philosophie; comme si tout ce qui est possible n'étoit pas croïable, ou que l'ignorance d'un fait fut une raison plausible d'en nier la possibilité (*b*). On se récrie contre ces Génies commodes dont les Romans sont farcis, qui bâtissent en un instant des palais somptueux, qui transforment les pierres en hommes, les hommes en animaux, les animaux en plantes; les Orphées, les Amphions semblent des Etres fabuleux; les Hercules, les Achilles, des héros fabriqués par l'imagination pour récréer, ou égarer celle des autres.

Les merveilles de la Nature, aussi sensibles dans les effets qu'incompréhensibles

dans

(*b*) C'est faute d'expérience qu'on a regardé comme des fables une infinité de faits que Pline rapporte & qui se confirment tous les jours par les observations des Naturalistes.

dans leurs caufes, forçoient les peuples dans des fiécles plus éclairés tant fur le moral que fur le phifique, de recourir à des êtres plus puiffans qu'eux, pour leur attribuer tous les phénomenes qu'ils ne pouvoient expliquer: comme de nos jours les philofophes fiftématiques créent librement des fluides pour étaïer leurs raifonnemens & rendre raifon de tout ce qui eft hors de la portée de l'efprit humain. Si l'on prenoit la peine de confiderer les grands événemens dont les faftes des Empires font remplis, ces prétendues chiméres de Génies, d'Enchanteurs, fe trouveroient réalifées. Les faits étonnans de ces êtres fupérieurs qui ne font pour nous qu'allégoriques, devoient-ils avoir chez les Anciens, pour qui la fuperftition en avoit fait des articles de croïance, rien de plus merveilleux que les revolutions, caufées par des génies réels, dans les fciences, les mœurs, la politique? Qu'offrent de plus furprenant les héros fa-
bu-

buleux, que ces hommes extraordinaires qui ont changé la face des Empires, Licurgue, Alexandre, César, Mahomet, Gengis Kan, Descartes, Newton, le Czar Pierre? Si les simples lumieres de la raison étoient les seules regles des jugemens, tant de peuples, comme il en est encore qui vivent paisiblement dans la loi naturelle, sans aucune notion de ce qui se passe ailleurs, seroient-ils mal-fondés à porter de nos histoires les mêmes jugemens que nous portons de la fable?

Ces palais imaginaires bâtis de pierres précieuses & tout-resplendissans d'or, qu'un coup de baguette fait naître dans les Romans, n'inspirent que de la pitié pour la disette d'imagination qui s'épanouit sur l'impossible; on est même tenté de mettre au rang de ces brillantes chiméres les jardins de Sémiramis, le colosse de Rhodes, le temple d'Ephese &c. Mais la description des jardins de Marly, du Louvre, trouveroit-elle moins d'incrédulité chez les habitans du Monoemugi (*a*).

Qui feroit tout-à-coup transporté dans une région éloignée (dans la planéte de Mercure, par exemple), où l'ordre des chofes d'ici-bas (*b*) feroit renverfé, où la Nature avare de ce qu'elle prodigue chez nous, répandroit avec profufion ce qu'elle nous accorde avec parfimonie, où par conféquent les carrieres, les montagnes ne produiroient que la matiere de l'or, le fable celle des pierres précieufes; cet Etre tout-terreftre ne feroit-il pas indigné d'en voir les cabannes conftruites, les fortifications formées, les chemins publics pavés, & au con-

---

(*a*) Je fuppofe mes Lecteurs trop inftruits en Géographie, & des intérêts des Puiffances, pour leur apprendre que le Monoemugi eft un célebre Empire de l'Afrique entre le Zanguebar & le Macoco, dont Mahola, la capitale, eft prefque auffi fuperbe que le moindre de nos bourgs.

(*b*) Je dis d'ici-bas, je dirois également d'ici-haut;

contraire les palais des Grands, les édifices publics bâtis de bois, de pierre, de terre, couverts de chaume; les meubles, les vases, de fer ou de plomb; les bijoux, de marbre, de verre, d'argile &c.? Mais sa surprise cesseroit bientôt, si dégagé des préjugés terrestres il se rappelloit que toute matiere est une, la fange, ainsi que le diamant, & que l'homme par déréglement d'esprit ne réglant ses goûts de préférence que sur la rareté des choses, ou la difficulté de les obtenir (c), on doit nécessairement dédaigner dans Mercure, ce qu'on recherche sur la terre & estimer ce qu'on y méprise.

Une

haut; car je ne sais en vérité lequel c'est : je pourrois même affirmer que ce n'est ni l'un ni l'autre; l'espace indéfini n'a ni centre ni circonference.

(c) *Quod licet, ingratum est: quod non licet, acrius urit.*

Ovid. Amor. L. II. Eleg. 19. v. 3.

Une âme foible ne sauroit se persuader ce qu'on dit d'une âme forte. Ne seroit-il pas plus raisonnable de se familiariser avec les idées de possibilité sur tout ce qui nous est inconnu ou nous paroît incompréhensible, que de s'élever superbement contre tout ce qui porte l'empreinte de chimere ou de paradoxe (*a*), & qui n'est le plus souvent que l'effet de notre ignorance ou de notre imbécillité.

Celui qui n'auroit jamais vû que des ruisseaux, prendroit le Danube pour un Océan.

Celui qui n'auroit encore vû que des violettes ou des marguerites, seroit émerveillé à la vue d'un groseiller, qu'il traiteroit ensuite d'arbre nain, à la rencontre d'un chêne ou d'un pin.

Un

___

(*a*) Un Paradoxe est communément traité d'opinion étrange, de proposition inouie ; son seul défaut n'est toutefois, le plus souvent, que

Un thon paroîtroit d'une excessive grosseur à celui qui n'auroit jamais pêché que des crevettes ; qu'est-ce cependant qu'un thon en comparaison d'un requien, d'une baleine de cent coudées, d'un kraken, ou d'autres animaux encore plus monstrueux, que leur poids énorme force de ramper dans les gouffres les plus profonds de la Mer.

Les Espagnols ne sont-ils pas des Géans pour les Lapons ? . . . . . montés sur des chevaux, ne parurent-ils pas des Centaures aux yeux des Mexiquains ?

Se persuade-t-on aisément qu'il y a à la Chine un arbre qui porte le suif, un autre qui fournit la cire ; qu'il y en a dont une moitié donne du fruit pendant six mois de l'année & l'autre pendant les six mois suivans ;

de choquer des idées établies ; disons mieux, c'est presque toujours une vérité qui détruit les préjugés reçus.

vans; qu'il y a des forêts d'un seul arbre; qu'il y a sur la mer des forêts flottantes d'arbres, que les tempêtes enlevent avec leurs racines? Tout cela, pour être extraordinaire, n'en est cependant pas moins vrai.

Quelle répugnance ne sent-on pas à croire qu'il y a, en certaines contrées, des hommes Cyclopes; d'autres qui ont trois yeux; d'autres qui ont deux prunelles à chaque œil; d'autres qui n'ont point de col & qui ont les yeux sur les épaules; d'autres qui n'aiant qu'une jambe sont néanmoins très-légers à la course; d'autres enfin qui n'ont point de bouche; qui ont le visage plat; deux trous au lieu de nez; qui ne vivent que d'odeurs & périssent par les mauvaises &c. &c. &c. Tout cela est cependant attesté par des auteurs graves & notamment par Pline L. VII. Chap. 2.

Tout croire & ne rien croire sont deux extrémités également absurdes, qui ont la même source, le défaut d'examen.

Qui croit tout, prend la moindre lueur pour une lumiere; qui doute de tout, prend le plus léger nuage pour une véritable obscurité.

La crédulité aveugle, a dit un auteur estimable, est le partage des ignorans; l'incrédulité opiniâtre, celui des demi-Savans; le doute méthodique, celui des Sages. Dans les connoissances humaines, le Philosophe démontre ce qu'il peut, croit ce qui lui est démontré, rejette ce qui y répugne, & suspend son jugement sur tout le reste.

Le merveilleux peut nous étonner: mais il ne doit pas nous révolter; il faut, avant que de nier, avoir appris à distinguer l'impossible de l'inouï, & les procédés de la Nature, de la commune opinion: il faut encore, POUR JUGER LE SURNATUREL, CONNOÎTRE LE NATUREL. L'ignorant est toujours frappé de prodiges, qui ne font pour le Philofophe que des effets très-fimples de caufes phifiques inconnues au vulgaire (*a*).

Les chofes les plus palpables peuvent même induire en erreur felon le point de vue d'où on les confidere. Au pied d'un cédre l'arbre paroît d'une grande élévation, ce n'eft plus qu'une ronce du haut d'une montagne, dans la plaine (*b*).

Il en eft de même dans le moral ; pour juger nous fommes toujours trop près de nous, trop loin des autres : celui-là feul feroit en état de difcerner ce qui vient de la nature, de ce qui vient de l'éducation, qui feroit fpectateur & non pas habitant de l'Univers.

On

(*a*) Tels font, par exemple, les éclipfes, le tonnerre, les tremblemens de terre &c.

(*b*) La plus haute montagne de la terre n'eft prodigieufement grande qu'en comparaifon avec un grain de fable ; mais moindre qu'un homme à l'égard d'un animal microfcopique. Cette même

On ne peut donc se garantir d'un préjugé ou s'en guérir, qu'en donnant à l'âme une assiette tranquille, qui laisse agir la raison dans le silence des passions. En général pour trouver la vérité, il faut tourner le dos à la multitude; les opinions communes sont la régle des opinions saines, pourvû qu'on les prenne à contre-sens.

Le but des voyages étant, comme dit Montaigne, de frotter & limer sa cervelle contre celle d'autrui, on doit être, à la vérité, en garde contre les relations de ces voyageurs peu éclairés, qui ne se donnant pas le tems d'examiner, d'approfondir les loix, les usages, les coutumes, les mœurs:

me montagne est fort petite, comparée à toute la masse du globe, qui n'est lui-même qu'un point imperceptible dans l'espace.

Omnia cum cælo, terrâque marique,
Nil sunt ad summam, summaï totius omnem.
Lucret. L. VI. v. 678.

A 7

mœurs d'un païs qu'ils parcourent précipitamment, ne s'arrêtent qu'à l'écorce des choses; ils jugent indiscretement du caractere de toute une Nation par des avantures triviales arrivées dans une hotellerie, une place publique ou dans une *cotterie*; ils prennent pour coutume, un fait extraordinaire; pour loi, un abus unique; & comparant sottement les personnes d'une condition élevée d'un païs avec la populace d'un autre, ils se délectent à peindre les objets avec des couleurs bisarres, qui renversent les idées qu'on en a. Il n'y a dans chaque Nation qu'un nombre d'hommes choisis faits pour la représenter; le peuple n'y est point compris; grossier par-tout plus ou moins, on en fait une classe à part.

On se défie plus par préjugé que par rai-

―――――――――
(*a*) Quel mépris ne s'attireroit pas un voyageur qui citeroit, comme témoin, un Horatius Co-

raison de la plûpart des relations, & l'on se prête avec facilité aux historiens, dont les narrations sont remplies d'actions & d'événemens plus incroïables pour les âmes foibles, que les récits extraordinaires des voyageurs les plus soupçonnés de mauvaise-foi (*a*).

Le Voyageur ne diffère de l'historien qu'en ce que celui-ci ne doit rien omettre de ce qui s'est passé de frappant & d'intéressant sous le règne d'un Prince, ou pendant la durée d'un Empire; & que le voyageur ne doit présenter que des faits choisis, vrais, mais nouveaux & en contraste avec les maximes, les idées, les coutumes, les usages du païs pour lequel il écrit : son emploi est donc, en communiquant des découvertes utiles, d'indiquer tacitement au Lecteur des spécifiques contre les

Coclès défendant seul le passage d'un pont contre toute une armée.

les préjugés nationaux, dont la cure dépend de la comparaison & de la réflexion.

J'avoue qu'il y a quelquefois de l'indiscretion à raconter certains faits dont on a même été le témoin, parce qu'ils sont si opposés aux idées & aux notions communes, qu'ils choquent plus qu'ils ne persuadent. C'est que chez la plûpart des hommes la prévention offusque la réflexion; qu'on cherche plutôt à refuter un raisonnement qu'à s'en laisser convaincre, & qu'on lit communément un ouvrage nouveau,

moins

(a) *Indignor quidquam reprehendi, non quia crasse*
Compositum, illepideve putetur, sed quia nuper.
Horat. Ep. I. L. II.

(b) Le Préjugé est le plus grand ennemi de la vérité & par conséquent de l'homme qui ne peut se rendre vraiment heureux que par la connoissance de la vérité. Cet ennemi nous obsède dès notre naissance, ou plutôt il semble né avec nous; nos premiers regards sont souillés par l'erreur. A mesure que nos facultés se déve-
lop-

moins dans la vue de s'inftruire, que de le juger, (*a*) enfin qu'avec les gens paftris de préjugés, c'eft un crime d'être éclairé.

Cependant de cette viciffitude d'idées & d'opinions qui fe fuccédent dans l'efprit de l'homme, ne devroit-il pas tirer la conviction de leur inftabilité; & reconnoître que, fans en excepter la plûpart des loix pofitives, prefque tout entre dans la claffe des préjugés (*b*) qui fe détruifent par l'âge, l'étude, les circonftances & la réflexion,

loppent, le préjugé fe les affujettit & fe fortifie avec elles. L'exemple, la communication, l'éducation lui fervent de moyens pour perpétuer fa contagion; quelquefois il fe fait la guerre à lui-même pour triompher de nous plus fûrement. Il n'eft point de formes qu'il ne prenne pour nous fubjuguer ou nous féduire; & jamais il n'eft plus terrible que lorfqu'il fe produit fous des dehors refpectés. Cependant il nuit encore moins à la vérité par les menfonges qu'il accrédite, que par le vice qu'il introduit dans la manière de raifonner.

flexion, ou pour être remplacés par d'autres ?

Quel est l'homme sincere qui ose nier que dans un âge avancé, où le cœur dégagé des passions, & l'esprit éclairé par une expérience malheureusement ou heureusement acquise aux dépens de la sensibilité pour le plaisir, il voit les choses d'un autre œil, qu'il ne les consideroit dans le feu d'une bouillante jeunesse ; qu'à son égard tous les objets, tant moraux que phisiques, changent de face, quoiqu'ils demeurent constamment les mêmes, & qu'à cinquante ans il seroit volontiers le réformateur des loix qu'il auroit instituées à vingt-cinq ; qu'enfin la maniere de voir ne suive

---

(a) *Sic volvenda ætas commutat tempora rerum. Quod fuit in pretio, fit nullo denique honore, Paro aliud succedit.*
     Lucret. L. V. v. 1275.
Quod petit, spernit : repetit quod nuper omisit : Æstuat, & vitæ disconvenit ordine toto.
     Horat. Ep. I. L. I. v. 98.

ve nécessairement celle de sentir, c'est-à-dire, le changement qui s'opere successivement dans l'économie animale ; que jouet perpétuel de ses réflexions, de ses méditations, & de l'inconstance des choses humaines, il n'approuve aujourd'hui ce qu'il blâmoit hier; ensorte que, flottant sans cesse dans l'océan de ses idées, il ne puisse jamais en asseoir une, que sur les débris d'une autre (*a*) ; que changeant continuellement de goûts, d'études, d'opinions, d'occupations, de plaisirs, toujours séduit par de nouvelles illusions & cherchant par-tout le bonheur & la vérité, il ne les rencontre nulle part? (*b*)

Où

(*b*) *Nunquam ità quisquam bene subductâ ratione ad vitam fuit,*
Quin res, ætas, usus semper aliquid adportet novi,
Aliquid moneat : ut illa, quæ te scire credas, nescias,
Et, quæ tibi putaris prima, in experiundo ut repudies.
Terent. Adelph. Act. V. Scen. IV.

Où les astres se meuvent-ils dans leur cours périodique?.... Est-ce dans le vuide? Est-ce dans le plein? Qu'elle est cette force qui les retient dans leur orbite sans rallentir leur marche & les empêche de se précipiter l'un dans l'autre? Qui les fait graviter sur un centre commun?..... Est-ce attraction, impulsion? S'agit-il de procéder à la décomposition des corps, des idées?.... Sera-ce par l'analise? Sera-ce par la sinthese? On connoît quelques loix du mouvement; mais le mouvement même est inconcevable; on connoît quelques fluides qui ne suffisent pas pour démontrer l'entretien de la machine du Monde. On en suppose gratuitement d'autres. Il en est peut-être mille qu'on ne sauroit soupçonner, faute de quelque sens de plus, comme pour l'aveugle né il n'y a point de couleurs, ni pour le sourd, de corps sonores dans la Nature. On a découvert quel-

(a) *Quò diversus abis!* Æneid. L. V. v. 165.

quelques propriétés dans la matiere, qui servent d'appui pour édifier des sistêmes brillans que la plus légere objection peut faire croûler. L'observateur le plus éclairé peut à peine lever un coin du voile dont la Nature se couvre & comme il y a peu de vérités susceptibles de démonstration géométrique, même parmi celles qui sont le plus universellement reçues, les sublimes connoissances de l'homme le réduisent à se contenter presque toujours du probable, où il n'arrive encore que par la voie du doute. QUELLE TEMERITÉ N'Y A-T-IL DONC PAS A VOULOIR SONDER LES PROFONDEURS D'UN ABÎME DONT L'ABORD EST INCONNU (*a*)!

D'autres désesperés de ne pouvoir se fixer sur aucun objet, se jettent dans le Pirrhonisme absolu, infirmité pire que l'ignorance qui se connoît (*b*). RIEN N'EST CER-

(*b*) Le doute méthodique peut seul nous conduire

CERTAIN. RIEN N'EST EVIDENT. IL N'Y A POINT DE CORPS, DE MOUVEMENT. LA DOULEUR N'EST POINT UN MAL. L'UNIVERS PEUT BIEN ETRE UN PHENOMENE, &c. Toujours en deçà ou au delà du but, l'esprit humain, au lieu de se faire un rempart de sa foiblesse contre les assauts de sa présomption, a plutôt fait de tout nier que de rien examiner: toute idée singuliere lui est suspecte, tout fait extraordinaire le révolte : envain est-il continuellement détrompé des idées d'impossible par des découvertes successives, il s'éleve sans cesse contre la possibilité des choses qu'il ignore (*a*). Si

duire à la vérité; il differe essentiellement du Pirrhonisme, qui n'est autre chose que le désespoir d'un esprit foible qui a bien su se mettre au dessus des préjugés : mais qui n'aiant pas le courage de chercher la vérité, fait de vains efforts pour l'anéantir.

Le doute philosophique au contraire est le premier effort d'une âme généreuse qui veut secouer le joug de l'erreur, & c'est le premier pas

Si dans un païs, tel qu'il y en a plusieurs sur la terre, où les habitans n'auroient aucune notion des arts & des sciences, où le plus grand effort de l'industrie humaine seroit borné à l'invention d'une charrue informe, il se présentoit un Européen qui leur dit,

Qu'à l'aide d'un petit instrument on peut mesurer avec autant de certitude que de facilité, le diamétre, la solidité des Astres, leur distance respective. *Le Quart de Cercle.*

Qu'avec des caracteres tracés sur l'écorce d'un arbre, sur des chiffons pilés, sur des peaux d'animaux, on peut peindre la pen- *L'Ecriture.*

qui conduit à la certitude.

Les Pirrhoniens, en affirmant qu'il n'y a rien de certain, étoient les plus décisifs de tous les Philosophes; car il falloit avoir bien examiné toutes choses, pour déterminer d'un ton absolu que tout est incertain.

(a) *Nihil sciri quisquis putat, id quoque nescit,*
An sciri possit, quò se nil scire fatetur.
Lucret. L. IV. v. 471.

pensée, lui donner de l'existence, converser avec ceux qui ont vécu des milliers d'années avant nous, transmettre nos pensées à la postérité la plus reculée, & communiquer nos idées à quelqu'un d'une extrémité à l'autre du globe.

L'Imprimerie. Qu'on peut tirer d'une composition cent exemplaires en moins de tems qu'on n'en peut transcrire un seul; répandre ses productions aux extrémités de la terre, instruire ses habitans & profiter rapidement de leurs lumieres.

Les Notes de Musique. Qu'avec des points placés sur des lignes, on peut rendre sensibles toutes les inflexions du gosier, & faire exécuter un air, à plusieurs parties, par un nombre considérable de voix & d'instrumens, d'accord & dans la même mesure de tems.

La Chorégraphie, art d'écrire la danse. Qu'avec d'autres hiéroglyphes on peut tracer, en peu de lignes, un ballet, une contre-danse variée par mille figures & la faire executer avec justesse à cent lieues de distance.

Qu'on

Qu'on peut faire mesurer à une machi-ne, avec la derniere précision, le tems dont on ne pourroit autrement régler la durée que très-imparfaitement. — Le Pendule.

Connoître par un autre instrument les degrés de froid & de chaleur & les comparer en diverses saisons. — Le Thermomètre.

Par un autre, distinguer les variations de l'atmosphere, & annoncer sûrement le vent, la pluye, le tems serein, les orages &c. — Le Baromètre.

Qu'on peut suppléer avec du sable fondu à la foiblesse de la vue, & découvrir les objets imperceptibles ou hors de la portée de l'œil. — Les Lunettes; le Microscope; le Télescope.

Maîtriser les élémens, en rendant l'air, l'eau, la terre & le feu esclaves de nos besoins, de nos volontés, de nos plaisirs, créer le feu, péser l'air &c.

Qu'on peut anatomiser & diviser un rayon du Soleil dont le diamétre est inassignable, & qui de la longueur de trente- — Le Prisme.

Tome I.   B   trois

trois millions de lieues ne péfe pas un grain.

Si enfin on les entretenoit des effets furprenans du miroir ardent, de la machine pneumatique, de la machine électrique, de la chambre-obfcure &c. qui produifent des merveilles fans nombre, ces peuples traiteroient fans doute l'Européen d'imbécille, d'infenfé ou d'impofteur; tandis que témoins indifférens de ces prodiges de l'induftrie humaine, par l'habitude de les avoir fous les yeux (a), nous nous élévons contre toute nouveauté qui, je le répéte, devroit nous porter à fuppofer tout poffible.

Pendant combien de fiécles les hommes n'ont-ils pas vécu au milieu du feu fans foupçonner fon exiftence, & marché dédaigneufement fur le fel, le coton & le fa-

_____

(a) *Nil adeo magnum, nec tam mirabile quicquam*

Prin.

sable, avant que d'imaginer que le premier reléve l'infipidité des alimens & en prévient la corruption ; que le fecond pouvoit fervir à nos meubles, à nos vêtemens, & que le dernier n'étoit que la matiere du verre dont nous avons tiré tant d'utilités & d'agrémens? Combien n'y a-t-il pas de chofes fous nos yeux peut-être, dont nous ne foupçonnons pas les propriétés & les avantages? Pendant combien de tems l'art de faire l'huile, la cire, le fuif, a-t-il été en ufage, avant qu'on eût imaginé de s'en éclairer pendant la nuit par le moyen des lampes, c'eft-à-dire, d'en tirer la principale utilité? Qui fait ce que produira un jour le marronier d'Inde? Combien y a-t-il qu'on ne méprife plus l'agaric de chêne propre à arrêter

Principio, quod non minuant mirarier omnes Paulatim.

Lucret. L. II. v. 1927.

ter les hémoragies (a)?

Aujourd'hui qu'à l'aide de mille découvertes, on est éclairé par la saine philosophie qui ne marche plus qu'avec le flambeau de l'expérience, peut-on se persuader qu'il ait été un tems, où l'on interrogeoit témérairement la Divinité par les épreuves de l'eau, du feu, des combats singuliers, & qu'au mépris de la raison, l'on jugeoit la fortune & la vie des citoyens par des moyens si étranges?

Que des contrées aient été peuplées de chevaliers errans?

Qu'on ait brûlé des fourbes, des charlatans, des phisiciens, comme sorciers?

Que chez des peuples éclairés & civilisés comme les Romains, on prétendit lire

dans

(a) Les anciens Grecs érigerent une statue à celui qui trouva le secret de mêler l'eau avec le vin. Paris en devoit une à celui qui inventa le flottage du bois; une autre à celui qui imagina le canal de Languedoc.

dans l'avenir par l'inspection des entrailles de vils animaux ?

Que dans le beau siécle d'Athênes, modele de tous ceux qui l'ont suivi, mathématicien & magicien fussent termes sinonimes, & que Prothagoras & Anaxagoras aient été punis de la prison & de l'exil pour avoir osé avancer que la lune s'éclipsoit par l'ombre de la terre ?

Que de grands hommes (*b*) aient été persécutés pour avoir soutenu les antipodes & le mouvement de la terre ?

Que des assemblées respectables, composées de l'élite du genre-humain, aient déclaré la peinture & la sculpture, des arts idolâtres ? (*c*)

Que ces mêmes peuples sourds à tant de

(*b*) Vigile. Galilée.

(*c*) Concile tenu à Constantinople en 754. En 1611. Vatan, homme de qualité, fut accusé de magie parce qu'il faisoit imprimer son commentaire sur le dixiéme Livre des Élémens d'Euclide.

de vérités eussent une foi aveugle dans l'astrologie judiciaire, (a) cela doit-il étonner; tandis qu'au milieu de tant de lumieres, le peuple ignorant (& il en est de toutes les conditions) regarde encore de nos jours comme des accidens surnaturels la plûpart des phénomenes, qui ne sont qu'une suite de l'ordre établi dans la Nature, & des loix, suivant lesquelles tout agit, tout se meut? S'il a été un tems, où une éclipse jettoit la consternation dans tous les esprits, où le tonnerre étoit un signe du courroux de Jupiter; une tempête, une marque de la colere de Neptune; combien n'y en a-t-il pas encore aujourd'hui, qui regardent une cométe comme un pronostic de la mort des

(a) Il n'est pas étonnant, dit Pline, que la magie ait séduit tant d'esprits; puisqu'aiant pris sa source dans la médecine, elle a emprunté les forces de la superstition, & qu'elle s'est appuyée sur les mathématiques; c'est le seul art qui

des Grands, une aurore boréale comme un indice d'embrasement universel, les tremblemens de terre comme des préfages de fa prochaine deftruction; tous les accidens étranges comme des fignes de la vengeance célefte.

CHAQUE SIECLE A DONC EU SA MANIERE DE VOIR, LA NÔTRE NOUS EST PROPRE; LES SUIVANS AURONT LA LEUR.

Toutes ces différentes manieres de voir, dont l'effet eft cependant le même dans le moral comme dans le phifique, proviennent de la difpofition des organes, des degrés de lumiere qui éclairent un objet, de fa diftance de l'œil, & des milieux dans lesquels on le voit.

Un qui ait réuni en foi les trois puiffances les plus impérieufes.

Croiroit-on cependant que c'eft à l'art frivole de vouloir lire les deftinées des hommes dans le Ciel, que l'Aftronomie a dû fes plus grands progrès?

Un objet vû distinctement dans la lumiere, s'apperçoit foiblement dans l'ombre & cesse d'exister, pour l'œil, dans les ténébres, quoiqu'il ne s'anéantisse pas (*a*).

Ainsi la Géométrie est en pleine lumiere; la Métaphysique, la Politique, la Médecine, le Droit-Civil dans l'ombre; & certaines sciences dans les ténébres, comme l'Astrologie, la Cabale, l'Alchimie, &c.

Dans le moral, l'âme n'apperçoit, comme dans le physique, que par l'entremise des sens: les imperfections de ces sens, les accidens auxquels ils sont sujets, la privation de quelques-uns, les passions, les habitudes, les préjugés, sont autant d'obstacles à la netteté de sa vision: d'où résulte nécessairement une maniere différente d'envisager les choses: il faut donc com-

pa-

(*a*) ——— *Nec morti esse locum:* ———
Virgil... Georg. IV. 225.

pâtir & non blâmer ceux qui, par une disposition d'esprit quelconque, frappés d'admiration pour une science, un art, une profession, témoignent de l'indifférence ou du mépris pour tous les autres; ainsi l'on déplore le malheur d'un sourd, ou d'un aveugle-né, qui lui-même ne gémit point de son infortune.

Les esprits n'étant donc pas, & ne pouvant pas être à l'unisson, qu'ils aient tort ou raison, qu'ils soient à plaindre, ou non: je ne dois point exiger qu'ils ajoutent foi à ma relation, encore moins me flatter que mon ouvrage soit du goût de tout le monde, d'autant que je n'écris que pour peu de personnes.

Je n'écris point pour le petit-maître.... il est trop futile; pour le pédant..... il est trop pointilleux; pour les femmes aimables .... l'application nuit à leur embonpoint; pour le grammairien .... il ne s'occupe guere de choses; je n'écris que pour un petit nombre d'esprits philosophes de tout sexe, de tout âge, de toutes conditions qui curieux de s'instruire & D'ÉPURER LEUR JUGEMENT PAR LA CURE DE LEURS PRÉJUGÉS, n'aiment & ne respirent que le vrai dans tous leurs discours & dans toutes leurs actions.

J'ai passé la plus grande partie de ma vie à voyager, j'ai employé mes loisirs à réfléchir & à méditer sur les réflexions des autres (a), j'offre ici une ample matiere pour nourrir les esprits de la trempe du mien.

De tous mes voyages le seul qui m'ait paru mériter d'être écrit, c'est celui que j'ai fait dans cette partie de la lune inconnue aux Sélénographes, qui porte le nom d'Amérique. J'en entreprens la relation avec d'autant plus de complaisance que je ne sache pas qu'aucun habitant de la terre y ait

---

(a) *Sit mihi fas audita loqui* ———
Virg. Æneid. L. VI. v. 266.

ait pénétré, ni qu'aucun géographe en ait dreſſé la carte; c'eſt donc un païs inconnu. Qu'on ne s'imagine pas cependant que la certitude de ne pouvoir être contredit par aucun témoin oculaire me faſſe hazarder des choſes merveilleuſes, incroyables. Je ſuis trop ami de la vérité. Le païs, dont j'ai à parler, n'eſt point une de ces républiques idéales, où l'on vit ſans magiſtrats, ſans loix, ſans médecins, ſans chefs; c'eſt un gouvernement monarchique, à mon ſens, le plus parfait de tous les gouvernemens, où l'autorité réſidant en un ſeul, les prétentions des Grands ſe réduiſent à mériter les faveurs du Prince, & où le peuple vit ſous la protection des loix. Je n'en rapporte que ce qui y a de la relation; mais qui contraſte avec nos mœurs. A quoi bon s'épuiſer l'imagination SUR L'ORIGINE, LES AVANTAGES DE CE QUI A PU ETRE, QUI N'A VRAISEMBLABLEMENT POINT ÉTÉ, QUI N'EST POINT ET

QUI NE SERA PEUT-ETRE JAMAIS?

J'ai rejetté tout moyen de furprendre le Lecteur par un titre qui piquât fa curiofité fubtile, qui a produit le débit de beaucoup de mauvais livres: je refpecte trop le public pour chercher à le féduire ; la fincérité m'engage au contraire à prévenir les Lecteurs avides de nouveautés, DES RAISONS QU'ILS POURRONT AVOIR DE NE PAS FAIRE L'EMPLETTE DE MON OUVRAGE.

Celui qui voit tranquillement tomber une pierre en ligne perpendiculaire au centre de la terre, comme une chofe toute naturelle, fans penfer que par rapport à lui fon antipode la laiffe tomber de bas en haut, & qu'il feroit auffi poffible qu'elle tombât verticalement ou horifontalement, n'eft pas mon Lecteur.

Celui qui ignore ou qui n'eft point étonné que quelques parties de fon corps obéiffent à fa volonté & que d'autres s'y réfufent, doit fe borner à fe fervir alternanativement au besoin des unes & des autres & se mouvoir selon des loix qu'il ne soupçonne pas, aulieu de perdre son tems à lire.

Ceux qui par un effort sublime de raisonnement & de sagacité nient que la terre tourne, parce qu'ils n'en sentent aucun mouvement, & qu'ils se trouvent toujours sur leurs pieds: qui doutent de l'existence de l'air, parce qu'ils ne le voient ni ne le sentent: mais qui croient fermement SUR LE RAPPORT DE LEUR NOURRICE QUE LES COULEURS SONT DANS LES OBJETS, LES PROPRIETÉS DANS LES CORPS &c; cette classe si étendue d'Etres indifférens sur tout ce qui les environne, en d'autres termes ces Automates doüés de raison qui n'en font qu'un usage méchanique, peuvent s'assurer que j'ai écrit pour d'autres que pour eux.

Dans le nombre de ceux qui prétendent ou qui croyent penser, celui qui ne cherche dans un livre que des idées neuves,

& qui n'est pas porté à prendre pour telles, celles qui lui sont présentées dans un nouveau jour, ou rhabillées au ton du siècle, peut renoncer pour toujours à la lecture des modernes.

Ceux qui ne demandent dans un ouvrage que du stile, c'est-à-dire, des mots artistement arrangés, des antithèses simmétrisées, des phrases bien compassées, des expressions brillantes, de vives saillies, peuvent se dispenser de me lire: JE LES PRÉVIENS INGÉNUEMENT QU'IL N'Y A POINT D'ESPRIT DANS MON LIVRE: ce qu'on appelle communément esprit & que chacun entend & définit à sa maniere, tient trop au bel Esprit dont tout annonce la proscription, depuis que la saine philosophie commence à régner. JE FUIS LE BEL ESPRIT PAR RAISON, J'AIME LE BON ESPRIT PAR INSTINCT, L'ESPRIT MÉDITATIF PAR GOUT; je me contenterai même d'être sans esprit, si je réussis à dire clairement &

sen-

sensément des choses instructives.

Celui qui ne cherche dans un livre que de l'amusement & pour qui la réflexion est un poids, la morale une sécheresse, la phisique une frivolité & le retour sur soi-même un supplice, trouvera mieux de quoi se satisfaire dans un Roman ou dans un conte, que dans mon livre.

Celui dont l'esprit est disposé de telle maniere, que toute idée singuliere ou qui renverse les notions communes, l'effarouche, & lui fournit plus d'objections que de désirs de s'instruire, & de s'éclairer, fera bien de ne pas me lire; il s'épargnera des tourmens ou de l'ennui.

Mais celui qui aime à nourrir son esprit d'idées & de connoissances utiles à son bien-être & dont la mémoire n'est pas prodigieuse, se rappellera ici avec plaisir bien des choses qui s'en étoient échapées.

Enfin que celui qui, ami du vrai en tout, cherche à s'instruire, sans danger,

de

de ce sur quoi son esprit peut INNOCEM-
MENT S'EXERCER, DE CE QUE SA RAISON
DOIT REJETTER, ET DU POINT OU SA CU-
RIOSITÉ DOIT S'ARRETER, ne me juge
qu'après m'avoir lû avec réflexion: l'attention est un microscope, qui aide à découvrir des merveilles dans les plus petits objets.

Si c'est avec raison qu'on s'écrie que tout a été dit, il n'est donc plus permis de faire des livres, sans se déclarer le compilateur ou l'écho de tout ce qui existe déjà. Il faut donc détruire les presses. Mais si la maniere de présenter, de rassembler peut être utile ou agréable, tout auteur doit renoncer à passer pour Original & se contenter du louable dessein de plaire, ou d'instruire quelques Lecteurs (a): il seroit feu-

---

(a) *Omne tulit punctum qui miscuit utile dulci,*
Lectorem delectando, pariterque monendo.
Horat.

seulement à désirer qu'il entrât un peu plus d'équité dans les jugemens, & que la plûpart des esprits si avides d'idées neuves ne s'élevassent pas avec tant de chaleur contre ceux qui cherchent à les satisfaire, & que l'on se contentât DE NE LIRE DANS UN OUVRAGE QUE CE QUI Y EST, AULIEU D'INTERPRETER MECHAMMENT, EN TIRANT, AINSI QUE LE SERPENT, LE POISON DES FLEURS DONT L'ABEILLE N'EXTRAIT QUE LE MIEL. Il n'est aucune action, aucune production humaine dont la malignité, l'envie & l'esprit de satire ne puissent abuser. L'Année littéraire en fournit la preuve (*b*).

Qu'on me trouve un livre, où tout soit si bien à sa place, qu'il ne puisse être arrangé d'une autre maniere, même refondu, sans causer de la cacophonie ou des contre-sens; où il n'y ait aucune pensée, qui ne

---

(*b*) *Est natura hominum novitatis avida.*
Plin. Hist. nat. L. XII. cap. 1.

ne soit claire & exactement juste; aucun terme auquel on ne puisse en substituer un plus propre, un plus élégant; aucun sentiment qui ne puisse être raisonnablement réfuté ou détruit; aucune opinion qu'on ne puisse traiter de sistême, de paradoxe, de préjugé, ou interpréter au rebours; qu'enfin il n'y ait aucune phrase louche, prolixe, obscure, ambigue, ni aucune faute de langue ou de construction; qu'on ME TROUVE CE PHOENIX, & je dirai que je ne devois pas écrire (*a*). Mais lorsque je vois que toute production humaine est fautive plus ou moins; que ce qui plaît à l'un, déplaît à l'autre; que ce qui plaît dans un tems, déplaît dans un autre, & alternativement; que tout esprit a son stile, sa maniere de penser, de raisonner, d'arranger, de présenter; je me dis que j'ai aussi la mien-

(*a*) Il faut de la douceur, de l'indulgence dans la société; il en faut également dans la lecture.

mienne, qui est de dire tout ce qui me vient ou me revient dans la tête, de le placer comme il se rencontre, DE DIRE DES CHOSES ET NON DES MOTS, le plus clairement, le plus brièvement qu'il m'est possible, & de laisser ensuite aux esprits critiques, minutieux, bisarres, ou d'un genre différent du mien, la liberté de raisonner, analiser, juger selon leur goût ou leurs lumieres; c'est le sort de tout auteur qui se livre à la presse. Celui-là connoît bien peu les hommes, qui s'attend à recueillir un suffrage universel: je dois m'en flater d'autant moins que tout mon ouvrage EST UN TISSU DE L'INCERTITUDE DES CONNOISSANCES HUMAINES, DE L'EMBARRAS PERPETUEL DANS LEQUEL L'HOMME SE TROUVE POUR DEVELOPPER SES IDEES ET AS-

Si l'on ne vouloit que de la perfection par-tout, on n'auroit point d'amis; on ne liroit aucun livre.

ASSEOIR SES JUGEMENS; ENFIN DE LA PER-
PLEXITÉ OU LE JETTE TOUT EXAMEN,
TOUTE MEDITATION; ASSIEGÉ DE PREJU-
GÉS QU'IL N'EST PAS TOUJOURS EN LUI DE
DE MELER D'AVEC LA VERITÉ (a).

Quand on parcourt les païs éloignés, tout, jusques aux pierres, aux animaux, aux plantes, tout est si différent de ce qu'on est habitué de voir dans le sien, que les premieres observations d'un voyageur sur les peuples qu'il passe en revue, tombent naturellement sur la foule de coutumes bisarres, de loix singulieres, de préjugés ridicules qui les tirannisent ; les secondes nous raménent aux nôtres, d'où résultent des paralelles dont un esprit sage & éclairé tire d'autant plus de profit, qu'ils sont moins à son avantage.

Le

―――――――――
(a) *Quid verum atque decens curo & rogo, & omnis in hoc sum.*
— Horat. L. I. Epist. 1.

Le païs le plus éloigné d'un point quelconque du globe terrestre n'en est pas distant de quatre mille cinq cens lieues. J'en décris un, qui en est séparé de plus de quatrevingt-dix mille par un fluide dans lequel le corps humain, tout élastique qu'il est, ne sauroit s'élever de la moitié de sa hauteur. Quelle différence ne devroit-il pas y avoir entre les loix, les mœurs & les coutumes des peuples qui habitent ces deux contrées ? Il n'y en a cependant d'autre que celle que l'opinion y a mise: les mêmes lumieres leur sont communes; mais l'une est obsédée de préjugés, l'autre en est presque dégagée. Avec un peu de réflexion le Lecteur ne sera pas embarrassé de juger laquelle des deux pourroit servir de modele à l'autre.

Ce discours déjà assez étendu pourroit fort bien finir ici; mais je me crois encore obligé de prévenir quelques reproches que la maligne critique pourroit me faire re sur l'incorrection du stile, la prolixité, le désordre, le plagiat, les idées singulieres, les contradictions, les répétitions, &c.

J'ai, comme je l'ai déjà dit, beaucoup voyagé, beaucoup lû, beaucoup réflechi. LA CRAINTE DE PERDRE LE FRUIT DE MES OBSERVATIONS DANS L'AGE, OÙ LA MEMOIRE S'AFFOIBLIT, M'A PORTÉ A LES RECUEILLIR POUR MON PROPRE USAGE: j'ai pensé ensuite que ce que je jugeois utile pour moi, pourroit le paroître à d'autres. J'ai livré mon travail à l'impression avec d'autant plus de confiance, qu'il conviendra également à ceux, qui n'ont pas l'esprit assez meublé, & à ceux qui craignent les infidélités de leur mémoire.

J'ai tâché, quant à la narration, de prendre un milieu entre l'air d'humilité, qui est toujours suspect, & le ton de suffisance qui toujours révolte; JE M'EGAYE QUEL-

QUE-

QUEFOIS POUR DONNER L'ESSOR A MON NATUREL.

Moins sensible à l'art de séduire qu'à la satisfaction de persuader, & moins attaché au brillant qu'à la clarté, j'ai cherché à me placer dans un juste milieu, où le Lecteur puisse faire usage de son intelligence, sans trop y mettre du sien.

Je dirai sans doute bien des choses qui ont été dites, peut-être de la même maniere qu'elles ont été écrites: mais qui peut s'assurer que toutes ses pensées lui appartiennent, & qu'il n'en doive pas souvent l'honneur à un défaut de mémoire? Aucun auteur moderne n'est à l'abri de ce reproche ou de cette infirmité; j'ose avancer seulement que qui trouveroit la source de tout ce que je vais dire, seroit plus habile que moi.

Si l'on m'accuse de m'être approprié les idées d'autrui, j'ai d'une part pour excuse que tout a été dit; de l'autre j'ai pour
exem-

exemples des modeles illustres dans la littérature (a), avec cette différence que je ne donne que COMME UN EXTRAIT DE MA MEMOIRE CONFONDUE AVEC MON IMAGINATION, DES IDEES, QUE JE ME SUIS RENDUES FAMILIERES AU POINT QUE JE NE PUIS PLUS LES DISTINGUER DE CELLES QUI SONT SORTIES DE MON CERVEAU. Au reste qu'importe au Lecteur que ce que j'écris soit le fruit de ma mémoire, de mon jugement ou de mon imagination, pourvû que je lui présente des matieres propres à exercer son esprit & aiguiser ses réflexions? Quand je n'aurois que le mérite de rassembler, en un petit espace, la plus grande partie de
ce

―――――――――――――――――――――――
(a) Le Discours de Mr. Gresset à la réception de Mr. De Boissy à l'Académie Françoise est puisé presque mot à mot dans l'article Comédie de l'Encyclopédie de Mr. Marmontel.

Métastasio s'est couvert de gloire dans ses piéces dramatiques, en copiant servilement Corneille, Racine, Crébillon, Campistron, Voltaire &c.
Que

ce qu'il pourroit recueillir d'agréable & d'utile dans un nombre immense de volumes, seroit-ce peu de chose ? JE SERAI, SI L'ON VEUT, UN JARDINIER LITTERAIRE, QUI AURA MIS EN OEUVRE L'ART ADMIRABLE DE LA GREFFE. Cet art a produit de si bonnes choses dans l'agriculture qu'on peut, à mon avis, l'appliquer avec succès à la littérature ; tout auteur peut y enter les rameaux qui lui conviennent, pourvû qu'il fournisse le tronc, & c'est ce que je crois avoir fait.

Le Lecteur bienfaisant me saura gré de mes soins ; le Savant trouvera dans mon ouvrage des idées intéressantes ; l'Ignorant des moyens de l'exciter à l'étude ; le Juris-Consulte quelques réflexions justes ; l'Honnê-

---

Que d'*In-Folio* seroient réduits à une mince brochure, si l'on n'en conservoit que ce qu'ils renferment de vraiment neuf ! *L'esprit des Loix* même, ce chef-d'œuvre du génie de notre siècle pour la profondeur & la sagacité, éprouveroit un terrible déchet.

Tome I.   C

nête-homme des principes de probité délicate; le Citoyen du zéle pour la patrie; le Philosophe un amour constant pour le vrai & l'humanité; le Théologien UN SILENCE RESPECTUEUX SUR LES MATIERES D'UN ORDRE SUPERIEUR AU RAISONNEMENT. Si j'ai leur approbation, mon objet est rempli; j'ai atteint le but que je me suis proposé.

Par cette exposition ingénue des motifs, qui m'ont engagé à prendre la plume, & de la nature des matériaux que j'ai employés, je ne m'envelope point d'une fausse modestie; j'ose me flatter cependant qu'on trouvera dans mon ouvrage des idées neuves; je désire seulement qu'elles ne paroissent pas trop singulieres, à moins que penser différemment de la multitude, penser juste & penser singuliérement ne soient termes sinonimes; ce que je ne crois pas absolument démontré.

Quelques personnes en qui l'éducation &

l'had'habitude ont donné au raisonnement un pli différent du mien, pourront s'élever contre quelques-unes de mes idées, je m'y attens; je repondrai seulement que j'ai peint, tels que je les vois, les objets sur lesquels il est permis de disserter, & que si j'ai frondé les abus & les préjugés, ce n'est qu'en vue du bonheur de l'humanité.

Encore de la morale, des préjugés à combattre, des opinions à détruire, diront ces êtres aussi indifférens sur les progrès de l'esprit humain que peu sensibles au bonheur de la société; tems perdu! A quoi ont abouti tant de déclamations, de réflexions, de satires même? Ont-elles opéré quelque réforme dans les mœurs, les opinions, les ridicules? Le moraliste ennuie, le critique indispose, le satirique révolte. A cela je réponds que si la saine critique n'a pas entièrement purgé le stile; si la vraie comédie n'a pas éteint tous les ridicules; si Montaigne, La Bruyere, Locke, ke, Pascal, La Rochefoucault n'ont pas appris à tous les hommes à lire au dedans d'eux-mêmes, ils ont jetté des semences, qui ont fructifié dans bien des cœurs; & que l'amour propre ayant l'entendement très-dur, ce n'est qu'à force de lui rappeller ses erreurs, de lui peindre fortement ses ridicules, de lui rebattre sans cesse les mêmes propos, qu'on peut se flatter de faire sur lui une impression vive & durable.

On sera peut-être effrayé du nombre considérable de questions tant morales que phisiques & métaphisiques, qu'on trouvera dans cet ouvrage. J'avoue que mon foible est de m'en faire, & d'en proposer, comme des moyens plus propres à éclairer l'esprit que les simples réflexions, qui n'y laissent qu'une empreinte passagere. Les réflexions prennent ordinairement un ton magistral qui indispose le Lecteur. Les questions au contraire qui semblent le consulter & le consultent en effet, l'attirent sans
vio-

violence : il y en a peut-être trop. J'en suis fâché; j'en aurois triplé le nombre, si je ne me fuffe retenu; le Lecteur pourra les paffer si elles l'ennuyent.

Le défir de m'inftruire & de rencontrer par-tout la vérité m'a toujours porté à me faire à moi-même des queftions de ce qui étoit évident pour d'autres, & je me fuis fi bien trouvé de cette méthode, que fi j'avois fuivi mon penchant, ce Livre n'auroit été compofé que de queftions. Cette maniere d'écrire pourroit fembler d'abord ridicule, enfuite finguliere; puis la plus propre à exercer la réflexion, donner de la juftefle à l'efprit & diffiper les phantômes de l'imagination. On ne peut parvenir à la vérité que par la voie du doute. (a).

D'autres trouveront peut-être à redire

(a) *Quale per incertam lunam fub luce maligná Eft iter in fylvis.* —————
Virg. Æneid. VI. 270.

QUE J'AIE PRÉSENTÉ COMME QUESTIONS DES MATIERES SUR LESQUELLES ON A HAZARDÉ DES CONJECTURES, QUI PASSENT POUR DES SOLUTIONS. Mais, malgré l'autorité de divers auteurs célébres, je les crois encore queſtions. Elles ont été diſcutées; mais non pas réſolues. Je reſpecte les grands hommes: mais je ne défére pas aveuglément à leurs opinions; de même que je ne juge pas de la bonté des opinions par le longtems qu'il y a, qu'elles ſont en regne. (*a*).

Je terminerai ce Diſcours par quelques queſtions dont la ſolution n'appartient qu'à un ſiécle moins eſclave des méthodes & des préceptes que le nôtre, & qui ſerviront de paſſeport à la forme de cet ouvrage. J'anticipe ſur le nombre de queſtions que j'ai à propoſer dans la ſuite.

L'or-

―――――――――――
(*a*) *Tuo tibi judicio eſt utendum.* Cic. Tuſc. L. II. c. 26.

L'ordre & l'arrangement sont-ils telle- *Ques-*
ment nécessaires dans les ouvrages d'es- *tions.*
prit, qu'on ne puisse s'en affranchir ou
s'en écarter sans blesser la raison ou les
convenances?

La plûpart des principes, des regles,
des méthodes, établis par les grands maitres dans l'art, sont-ils si infaillibles qu'on
ne puisse les heurter avec succès?

L'aveugle soumission aux regles, aux
préceptes établis, est-elle toujours une
preuve certaine de leur excellence? N'est-elle pas plutôt l'effet d'une vénération superstitieuse pour l'antiquité, qui met des
entraves au génie & retient durement les
modernes dans l'esclavage?

Excepté les vérités morales qu'on ne
sauroit développer que par une suite de raisonnemens qui se déduisent les uns des
autres, & les vérités géométriques auxquelles on n'arrive que par des démonstrations enchaînées l'une à l'autre, quels sont

C 4　　　　　　　　　les

les ouvrages qui doivent être soumis à des regles & à des préceptes que l'auteur ne puisse enfraindre impunément sans choquer la raison ou le jugement?

De quelle importance est l'ordre dans les ouvrages d'esprit, qui traitent de matieres différentes? N'y en a-t-il pas d'excellens en tout genre, qu'on pourroit refondre & renverser entiérement, sans que le plaisir de les lire diminuât? Par exemple Montaigne, Bayle, La Bruyere, l'Esprit des Loix? &c.

Lit-on tous les livres pour les retenir, & placer avec méthode dans le cerveau ce qu'ils renferment? La chose est-elle possible, lorsqu'on passe successivement d'un essai de morale à un drame, d'un roman à un traité de philosophie, de la fable à l'histoire? Les lectures se succé-
dent-

___
(a) On a comparé la plûpart des Lecteurs à une mouche, qui chassée de dessus un pot de confiture, se jette avec avidité sur un excrément pour

dent-elles avec plus d'ordre que les événemens de la vie, les idées, & les courses de l'imagination?

Le mélange bifarre de lectures n'est-il pas même nécessaire pour étendre les lumieres, varier les idées, les plaisirs, & dépurger l'esprit de l'ennui qu'y jettent es études monotones (a)?

Les lectures qui font le supplément de la conversation, n'en doivent-elles pas imiter la marche irréguliere? Et la conversation n'est-elle pas un tiffu de raisonnemens, de penfées, de réflexions qui n'ayant, entre eux, aucune liaifon, font paffer agréablement & fans deffein, l'esprit d'une matiere à une autre? Les plus charmantes ne font-elles pas les plus variées; & font-elles autre chofe que des recueils de propos interrompus? Y auroit-il une con-

ver-

y achever fon repas avec le même appétit qu'elle l'avoit commencé. C'est ce qui fait que tant de mauvais livres fe débitent.

verfation plus infipide, que celle où un nombre de gens d'esprit se trouveroient tous penfer exactement de la même manière?

Enfin la mémoire se meuble-t-elle moins des penfées & des réflexions, qui se lancent dans les converfations, que des difcours oratoires ou académiques, où le raifonnement eft plus fimmétrifé? J'en appelle à l'expérience.

Pourquoi donc m'affujétirois-je à ces regles fatiguantes de logique, qu'il a plû à Ariftote de m'impofer? Ai-je fait avec lui un pacte qui me tienne dans fa dépendance? JE N'USE DE SON SISTEME, QUE POUR DÉCOUVRIR LA VERITÉ ET ME GARANTIR DU SOPHISME; SON AUTORITÉ ME SERT POUR M'APPUYER, ET NON PAS POUR ME CONDUIRE. Il n'y a de fiftême fuivi & dont toutes les parties foyent enchaînées que dans la formation de l'Univers. Si par fois je déraifonne, c'eft toujours de bonne foi; fi je si je parois tomber dans la contradiction, cela dépend souvent de l'aspect sous lequel les choses sont présentées, ou COMME ASSERTIONS OU COMME QUESTIONS. Du reste je laisse courir ma plume; elle choisit la route qui lui plaît, prend l'essort ou s'arrête à son gré. Je n'écris pas, je converse, ou plutôt je converse par écrit.

Voilà de la matière de reste, sans celle qui va suivre, pour exercer la plume de CERTAIN PÉRIODISTE, dont le sublime talent consiste à mutiler toute production, pour en rendre les lambeaux ridicules ou répréhensibles: à disséquer les mots, nombrer les QUI, les QUE, les CAR, les SI, les MAIS &c, citer pour fautes de langue les erreurs d'impression, prendre les ironies au sérieux, substituer ses opinions à celles qu'il réfute & couronner l'analise des livres, que souvent il n'a pas lus, par une tirade d'injures grossieres & de railleries plattes & indécentes, qui serviront également à tous

les

les ouvrages, qu'il a intérêt de déchirer (a). On pourroit comparer ce Zoïle à un juge, qui auroit formé la résolution inique de condamner au gibet tout ceux, qui se présenteroient à son tribunal (b).

Qu'il est glorieux pour certains auteurs médiocres de se trouver confondus avec les Montesquieu, les Fontenelle, les La Mothe, les Voltaire, les Marivaux, les Boissy, les Piron, les Destouches, les Terrasson, les Condillac, les Maupertuis, les Rousseau, les Dalembert, les Diderot & tant d'Encyclopédistes! Mais quel malheur aussi pour ceux qui se reconnoissent inférieurs à ces hommes célèbres, que ces frêles monumens de critique ou plutôt de satire littéraire, n'aient qu'une vogue éphémere! Les titres de leurs ouvrages & leurs noms

---

(a) —— —— *Donec jam sævus apertam In rabiem verti cæpit jocus, & per honestas Ire domos impune minax.* —— ——
Horat. L. II. Ep. I.

noms pourroient percer les ténèbres de l'oubli, & parvenir, au moins par cette voie oblique, à la postérité.

Oh! la noble, la digne profession, que celle d'un artisan littéraire, apprentif architecte, ignare en peinture, pour qui les hautes sciences sont une algebre, la phisique une énigme, les arts un grimoire, & qui a cependant LA TÉMÉRITÉ D'ANALISER TOUT, DE PARLER DE TOUT, DE JUGER TOUT ! *Vade retro* Cerbere enfumé de la littérature, dont l'esprit n'est qu'une exhalaison impure de la méchanceté, & qui ne jouit de l'impunité qu'à l'ombre du mépris que font les bons auteurs de ses traits envénimés. Un dogue dédaigne de répondre aux glapissemens d'un *Gredin*. Le moucheron par son énorme petitesse, échape au ressentiment du lion qui en est piqué,

Aquila

(a) — — *Quod nec Jovis ira, nec ignes, Nec poterit ferrum, nec edax abolere venustas.*
Ov. Metam. l. XV. 8-1.

Aquila non capit muscas. ——— ———

On ne me soupçonnera pas sans doute après cette sortie de mendier le suffrage de ces critiques microscopiques, *ineptes* Wasps (a) *suivant le Parnasse*, qui semblent, aux yeux de la multitude ignorante, faits pour décider du mérite des auteurs. Je rougirois de leurs éloges bâtards ; je n'ambitionne que l'estime des honnêtes-gens & des esprits sages qui pensent par eux-mêmes, & qui me jugeront plus sur l'intention, que sur le stile & le plan de mon ouvrage ; je recevrai leur critique avec reconnoissance.

(a) Mot Anglois trop connu pour qu'il soit besoin de le traduire.

Les mouches guêpes font leurs nids en haut, lesquels sont de fange ; quant aux frêlons ils font les leurs en quelques trous ou dessous terre.
Pline. Nat. Tom. I. Chap. 21.

Les frêlons sauvages ne vivent que deux ans.
Id.

LE VOYAGEUR PHILOSOPHE.

CHAPITRE PREMIER.

Relation du Voyage.

Quoique le but de tout philosophe qui voyage, soit principalement de s'instruire des loix, des mœurs, de la politique, des usages, des coutumes, des préjugés des Nations qu'il passe en revue, chacun a cependant un goût déterminant qui le porte à s'arrêter particuliérement sur les choses qui l'affectent davantage (a); le Naturaliste cherche par préférence des métaux, des minéraux, des coquillages, des gommes, des insectes; le Botaniste des plantes, des fleurs, des graines, des poussieres. L'antiquaire des monumens, des médailles, des statues; l'Erudit des ma-

---

(a) *Quisque suos patimur manes.*
— Æneid. L. VI. v. 738.

manuscrits, des inscriptions; l'Astronome de nouvelles étoiles. Les Esprits purement curieux jettent un regard distrait sur tous ces objets: mais tous ont leur manie; moi, j'ai celle des Cataractes. L'esprit philosophique a, je crois, dirigé la plûpart de mes recherches: mais je n'ai laissé échapper aucune occasion de visiter *curieusement*, toutes les cataractes de cette portioncule de matiere, qu'on appelle le Monde connu, d'où l'on peut conclure que j'ai fait bien du chemin.

J'ai examiné avec soin les Cataractes du Nil, du Rhin, du Danube, du Vologda, du Zaïre, d'Albanie, de Tornea, &c. & je suis en état d'en donner un jour d'exactes descriptions: mais toutes ces chûtes d'eau, ainsi que mille autres, ne sont que des cascades en comparaison de celle de

Nia-

(a) D'autres l'appelleront peut-être riviere, à eux permis: mais comme les Savans ne sont pas d'accord sur le nom que doit porter un

cou-

Niagara ou Nicagara, selon quelques-uns, la plus considérable que la Nature ait placée sur notre petite planéte.

Je parcourois les mers depuis cinq ans: le vaisseau sur lequel j'étois, ayant tenté vainement, à plusieurs reprises, de débarquer dans les Terres Australes, & de trouver un passage à la Chine par le Nord, relâcha en Canada à l'embouchure du fleuve Niagara (*a*), pour y prendre des rafraichissemens ; je saisis avec ardeur une occasion si favorable d'aller voir sa fameuse Cataracte, & de vérifier ce qu'en rapportent le Baron de la Hontan & le P. Charlevoix. Deux Sauvages intrépides m'offrirent de me faire remonter le fleuve dans une petite nacelle formée de peaux d'animaux cousues avec des joncs ; mais comme la navigation est périlleuse, & que le courant d'eau, qu'il communique ou non avec la mer, j'aime mieux dire fleuve; ce nom sonne mieux à mon oreille.

le circuit est considérable jusques à la cataracte, je préférai de faire le voyage par terre. Je me séparai de mes compagnons dont aucun ne voulut partager ma curiosité, & étant convenu que, si je ne revenois pas dans un tems limité, ils se rembarqueroient sans s'embarrasser de moi, je me mis en route avec un guide, qui après m'avoir fait traverser des forêts & des déserts immenses, me rendit enfin sur le bord du fleuve à six milles de distance de l'endroit, où se précipite cette superbe cataracte. J'entrai dans un esquif & roulai gaiement sur les ondes écumantes, pour considérer cet objet admirable de tous ses points de vue; quel spectacle enchanteur pour un *Dilettante* de cataractes! Après m'être délecté la vue d'un millier d'arcs-en-ciel, qui se diversifioient de couleurs, à mésure que je changeois de place (a), (ce météore a-

queux

(a) Chacun sait que personne ne voit exactement le même arc-en-ciel.

queux étant causé par les goutes d'eau répandues dans l'air, qui sépare les couleurs de la lumiere) & après m'être effrayé délicieusement du fracas épouvantable, que font dans leur chûte les eaux brisées par les rochers, & récréé la vue des sauts périlleux que faisoient d'énormes poissons; je m'approchai assez près de la cataracte pour pouvoir mesurer, avec précision, sa largeur que je trouvai de sept cens quarante-deux toises trois pieds & neuf pouces, & sa hauteur de trois cens quarante-quatre pieds sept pouces & huit lignes, d'où je conclus que le Baron de la Hontan avoit pris ses dimensions de trop loin, & que le P. Charlevoix n'avoit vu la cataracte que de profil.

Je me portai ensuite sur la cime de la montagne, pour contempler la source du plaisir indicible que je venois de goûter. Il me fallut, avant que d'y parvenir, franchir trois montagnes fort escarpées, au
tra-

travers d'un brouillard épais, mais transparent, qui s'étend à deux lieues à la ronde & communique avec les nues. Malgré les fatigues que j'avois essuyées, mon premier soin fut (*car j'ai toujours eu, en tout, pour but le bien de l'humanité*), de calculer avec la derniere exactitude la quantité de pieds cubes d'eau, qu'en supposant sa marche uniforme, ce torrent impétueux dégorge pendant un siécle; son mouvement, sa force, sa vîtesse, les résistances &c., & toutes les prétintailles qui donnent du poids à une observation.

Absorbé ainsi dans de profonds calculs, & la tête encombrée de projets phisico-métaphisico-chimériques, je touchois au terme de mon opération, lorsque j'en fus subitement détourné par un murmure confus de voix, que je jugeai assez près de moi. Qu'on se représente mon étonnement dans un lieu, où je me croyois *exactement* seul ; je fus presque tenté de

croi-

croire que, puisque des voyageurs avoient vû des poissons volans, je pouvois bien me trouver dans une république de poissons parlans. Frappé de cette idée merveilleuse, je m'avançai à grands pas vers le lieu d'où partoient les sons: mais quelle fut ma surprise d'y trouver un vaisseau de structure singuliere, dont le fond mobile pouvoit recevoir alternativement une forme convexe & concave! La charpente étoit de liége, les mats de roseaux, les voiles d'un tissu serré & supérieur pour la finesse à ces toiles qu'ourdissent les habitans industrieux de nos jardins, les cordages formés de ces filamens appellés chevelure de Venus: L'équipage avoit pour rames des éventails énormes, & pour ancre un cerf-volant d'une grandeur immense avec une queue aussi longue que celle d'une comete *de la sixiéme classe*, chargée de vessies innombrables.

Un nombre considérable de personnes,

la plus grande partie du beau sexe, s'embarquoient gaiement pour ce païs, qui supplée bénignement quelquefois à l'absence du Soleil sur la terre, & qu'on nomme en langage astronomique & vulgaire LA LUNE. Je suivis avec empressement cette bande joyeuse; & je fus à peine entré dans le navire, que le pilote, à la faveur d'un brouillard épais dans lequel flottoit le bâtiment, leva l'ancre & mit à la voile.

La navigation fut si heureuse, graces à un vent de terre qui souffloit verticalement, qu'ayant franchi les tempêtes qui s'élévent dans la moyenne région, nous nous trouvâmes en trois secondes & sept tierces aux confins de l'atmosphere. Là les passagers phisiciens, après avoir comparé

_____
(*a*) On est convenu d'appeller ainsi un air extrêmement raréfié, qui n'a point de résistance sensible, dont la machine pneumatique ne sauroit se purger entièrement, & qui sous le nom d'Ether remplit exactement tous les interstices de la

paré leurs différentes estimes, décidèrent souverainement sur les lieux, que nous avions déjà fait dix-huit lieues, de 25 au degré. Nous traversâmes en outre près de 200 lieues d'aurore boréale; après quoi le nautonnier ordonnant de cesser toute manœuvre superflue désormais, & dangereuse au point de passage du plein dans le vuide, (a) notre vaisseau agité par plusieurs secousses assez violentes, causées par le combat opiniâtre & perpétuel entre la force centripète & la force centrifuge, souffrit un ébranlement oscillatoire qui inquiétoit cruellement le pilote, lorsqu'enfin, à force de louvoyer, virer & revirer, mettre en panne &c., un coup de timon, donné transversalement, nous ayant fait échapper

par

la matière. D'habiles physiciens ont calculé avec précision que cet air est sept cens mille fois plus rare que celui que nous respirons, de même que celui de la région supérieure de l'atmosphère cent millions de fois plus rare que l'or.

par une heureuſe tangente, nous nous ſentimes attirés, par une force invincible, en raiſon directe de la maſſe & inverſe du quarré de la diſtance ; force auſſi réelle qu'inconnue qui, augmentant prodigieuſement, penſa nous briſer au point de contact : mais l'adreſſe du pilote, intrépide calculateur de l'infini, nous ayant fait traverſer à force d'x & d'y la région hiperborée, eſquiver le Carpathos & doubler le Taurus, nous abordâmes enfin en Paleſtine, & jettâmes l'ancre au pied du mont Sinaï. Nous comtemplâmes à loiſir ſes deux coupeaux, merveille de l'Arabie-Pétrée, quoiqu'il fut environ minuit, parce que nous avions pleine-terre.

Enchanté de me trouver dans un païs que j'avois ſi ardemment déſiré de connoître autrement que par mon téleſcope & les écarts de mon imagination, je m'épanouiſſois d'avance du plaiſir ſéduiſant d'y faire des découvertes ſurprenantes,

pour

pour en enrichir notre globe à mon retour, & de jouer dans ma patrie un rôle d'autant plus important, que je pourrois prononcer *assertivement* (a), après avoir vû *de mes propres yeux*, touché *de mes propres mains*, entendu *de mes propres oreilles*, décidé *de mon propre jugement*.

Mais hélas! il y a loin de l'imagination à la réalité. Je ne saurois exprimer quels furent mon chagrin, ma confusion & mes regrets, lorsqu'après avoir parcouru différens climats, fréquenté les Cours, visité les Savans, les Philosophes, les Antiquaires, les Controversistes &c, je reconnus que j'avois entrepris un voyage inutile; que la Lune, comme satellite de la terre à laquelle elle est asservie par les loix de la gravitation & peut-être par l'aspect continuel de sa figure, avoit nécessairement les mêmes loix, les mêmes goûts,

―――――――――――――
(a) Mot nouveau; mais significatif.

Tome I.   D

goûts, les mêmes ufages, les mêmes préjugés, enfin que tout y étoit généralement comme chez nous (*a*).

J'y trouvai, à la vérité, de profonds Géometres, des Aftronomes auffi inftruits des particularités de notre globe que nous-mêmes, qui en fixoient la diftance du leur de 90. mille lieues, le diamétre de 2890., affurant par les degrés du Méridien, qu'ils avoient fcrupuleufement mefurés, que c'eft un Sphéroïde applati vers les pôles.

Leur mappe-Lune contenoit une Mer Méditerrannée, un Pont-Euxin, un Péloponéfe, une Sicile, une Paleftine, un Appennin, &c.

Les capitales des différens Royaumes que je parcourus étoient *inondées* de cabrio-

(*a*) Je me flatte que le Lecteur voudra bien me difpenfer de lui dire comment j'appris en fi peu de tems la langue des habitans de la Lune, pour pouvoir converfer avec eux.. C'eft une grace qu'il a faite à tant de *Parcoureurs* du Monde,

briolets, leurs théâtres sembloient des prisons; on y voyoit de superbes promenades abandonnées pour des cloaques; de somptueux édifices masqués par des masures; des maisons sur les ponts, des marchés infectés, étroits & sans abord; des rues tortueuses, embarrassées & mal-propres; peu de fontaines; des marchands de modes, des traiteurs opulens; des libraires, des artistes dans l'indigence; on y avoit fait d'admirables découvertes, dont l'ignorance, le préjugé ou la superstition ne permettoient pas de faire usage : mais en récompense beaucoup de Journaux sans débit, de projets & de sistêmes sans exécution.

Aussi désesperé du mauvais succès de mon entreprise qu'un Alchimiste, qui man-

de; qui ont parlé hardiment des loix, de la morale & de la politique de différens peuples qu'ils n'ont fait qu'appercevoir. D'ailleurs il est d'usage de supposer à tout voyageur le don des langues; cela met le Lecteur à son aise.

manque le dernier procédé du défoufrement de l'or, & tourmenté du défir de retourner fur la terre pour y cacher ma honte & mon dépit, j'allois errant à travers des chemins inconnus, tant qu'enfin je me trouvai égaré dans une fombre forêt, accablé de laffitude & prêt à fuccomber à l'ennui d'exifter .... lorsque j'apperçus au pied d'un cédre un vieillard vénérable (*a*), dont l'afpect me frappa de refpect & d'admiration. Je l'abordai avec cette confiance naturelle aux malheureux: il m'accueillit avec douceur; apprenez-moi, me dit-il, le fujet de la triftefle peinte fur votre vifage; je puis contribuer peut-être à la diffiper. Je le fatisfis; & après avoir écouté attentivement le récit de mon avanture: je fuis, me dit-il, étranger comme vous en ces lieux, quoiqu'habitant

de

(*a*) Ces Vieillards vénérables fe trouvent toujours à propos pour la confolation des Voyageurs

de la Lune, mais de l'hémisphere opposé à celui sur lequel nous nous rencontrons, païs qu'on ne voit point de la terre & que nous nommons Amérique. Notre continent est séparé de celui-ci par des mers immenses, dont les côtes bordées de rochers escarpés & inaccessibles ferment, pour ainsi-dire, toute communication entre ces peuples & nous. L'industrie & le courage triompheroient cependant de ces obstacles, s'il ne régnoit entre eux & nous une antipathie traditionnelle, que je ne puis attribuer qu'à la différence des goûts & des opinions qui nous ont séparés depuis longtems: motif barbare, mais puissant qui, au mépris de la raison & de l'intérêt commun, nuit au progrès des connoissances humaines, & divise par-tout des nations respectables, qui ne devroient former qu'une république de freres : à peu près

com-

geurs dans les païs inconnus, ou dans les situations embarrassantes.

comme on l'obferve chez vous entre les Efpagnols & les Portugais, les François & les Anglois; les Autrichiens & les Pruffiens, les Savoyards & les Piémontois, les prudes & les jolies femmes, les J.. & les M.... &c.

Eh comment, lui dis-je avec furprife, vous qui vraifemblablement n'êtes jamais forti de la Lune, êtes-vous fi bien informé de ce qui fe paffe fur la terre? Vous le faurez un jour, mon fils, répondit il; en attendant je vais vous inftruire du fujet de ma venue en cet hémifphere, & des moyens que j'ai employés pour y pénétrer. J'ai paffé toute ma vie dans l'étude de la philofophie, de la morale & des hautes fciences. Peu ébloui du degré de perfection où elles font parmi nous, le défir d'étendre mes lumieres joint à l'amour de la vérité qui guide les vrais philofophes, me fit efperer d'acquérir des connoiffances utiles dans un païs avec lequel la communication étoit autrefois établie, & des mœurs.

&

& ufages duquel il ne nous refte plus qu'une tradition informe; mais comme la Nature femble avoir interdit tout commerce entre les deux continens par la furface de la Lune, je cherchai une route par le centre pour parvenir à nos antipodes; & m'étant muni de peaux de Salamandres, & de couvertures d'amiante enduites d'un vernis impénétrable au feu, je traverfai hardiment le noïau de notre globe, où le feu central entretient une chaleur capable de confumer tout autre corps, & j'arrivai fans accident dans cet hémifphere. J'en ai comme vous, parcouru fans fruit toutes les contrées, & je m'en retourne défolé de n'avoir trouvé par-tout en général que des efprits faux, une métaphifique captieufe, une jurifprudence embrouillée, une phifique fuperftitieufe, une géographie bornée, une médecine conjecturale, des études trop longues, les arts imparfaits, les fciences au berceau, des fiftêmes, des incertitudes, de la vanité, de la mifere, & des préjugés par-tout.

Dans la fociété je n'ai trouvé que des auteurs qui écrivent par oftentation, des orateurs qui fe jouent de la vérité, des philofophes enveloppés de fyftêmes ténébreux, des moraliftes relâchés, des courtifans bas, des protecteurs ignorans, des riches impitoyables, des mendians infolens, de beaux réglemens de police en défuétude, de fages loix éludées & fans exécution &c; que vous dirai-je enfin, impatient de retourner dans ma patrie, je n'emporte de ces triftes lieux que la fatisfaction d'avoir pu obferver les aftres qui roulent dans cette partie du ciel, que je n'avois jamais vue, & c'eft toujours quelque chofe pour le progrès de notre aftronomie.

Pouffé, moins encore par un motif de curiofité, que par un lien fecret qui m'attachoit à ce vénérable vieillard, je le priai de permettre que je l'accompagnaffe; il ne ne se fit point presser: venez mon fils, me dit-il, en m'embrassant, venez en Amérique; vous y trouverez un Monde digne de vous: la curiosité est une vertu, lorsqu'elle n'a pour but que le désir de s'éclairer & de se rendre utile à sa patrie.

Ayant fait, l'un & l'autre, provision des vêtemens nécessaires pour faire notre voyage sans risque, nous abandonnâmes sans regret ces peuples ignorans; nous nous élançâmes dans un volcan profond & nous fumes transferés en peu d'instans par une ligne droite (*car la Lune est une sphere parfaite*) aux antipodes que le vulgaire du païs, que nous quittions, ne soupçonnoit pas plus que le Retheur de Tagaste, & que leurs Docteurs anathématisoient comme le fils de Polychrone. En deux journées nous arrivâmes, par des chemins ferrés, larges, commodes & bordés d'arbres utiles, à Sélénopolis, capitale de l'empire, où le sage Arzame faisoit sa demeure.

CHA-

CHAPITRE II.

Déscription succincte de Sélénopolis.

L'Enceinte de cette Ville située à trois lieues de la mer avec laquelle elle communique par un grand canal, est un quarré parfait dont chaque côté a 24 stades de longueur. La principale rue, appellée impériale, qui traverse la ville dans un de ses diamétres, est terminée par deux arcs de thriomphe d'une architecture simple, mais noble & majestueuse, qui lui servent d'entrée. Elle est allignée, ainsi que toutes les autres rues, & large de vingt-quatre toises, sans les portiques qui ont vingt-quatre pieds de largeur sur trente

---

(a) C'est une espéce de marbre beaucoup plus dur que le nôtre.

te de hauteur, formant deux galleries parallèles, où les gens de pied vont à couvert & marchent commodément sur de grand carreaux de Captschust (a).

Les maisons des particuliers bâties avec des façades régulieres sont entremêlées d'édifices somptueux ; des temples, des palais, des fontaines, des gymnases, des corps de garde &c, qui ont chacun leur regard simmétrique, ôtent la monotonie que produit toujours une uniformité trop étendue (b).

Cette longue rue est coupée dans le milieu par une vaste place quarrée, où aboutissent dans les angles huit rues, qui rendent dans d'autres places magnifiques, également quarrées, mais de moindre importance.

La place impériale est formée par six corps

(b) Telle que la façade du château de Versailles du côté des jardins.

corps de bâtimens isolés, d'une superbe architecture, mais différente, relativement à leur destination.

Sur un des côtés est construit le palais de l'Empereur, distingué des autres bâtimens par une colonnade plus riche, & des pavillons qui en relevent la majesté, & couvert de lamines d'étain azuré avec des filets d'or.

En face on voit l'arsenal bâti dans un autre goût : mais de la même élévation jusqu'à l'entablement, ainsi que les quatre autres édifices, tous terminés par une balustrade ornée de statues & de trophées, qui représentent les attributs propres à chacun d'eux. De ces quatre derniers, l'un est occupé par les tribunaux de justice, un autre par le corps de ville, les académies tiennent leurs assemblées dans le troisiéme, & dans le quatriéme est le théatre d'une superbe structure.

Le centre de la place est décoré de la statue équestre du Prince régnant. Elle n'est pas ridiculement perchée sur un pied d'estal qui est un commencement de colonne, sur lequel on ne peut concevoir qu'un cheval puisse grimper, & d'où, dans l'attitude du galop, il ne pourroit faire un pas sans se fracasser les jambes, ou se briser les reins.

L'effigie représentoit un héros guerrier affligé de n'avoir pu procurer à ses sujets une paix durable, qu'au prix de leur sang : il fouloit aux pieds un monceau d'ennemis terrassés qui, au milieu des horreurs de la mort, le regardoient encore avec admiration.

L'amour des peuples vouloit que la représentation du Prince régnant fût toujours sous ses yeux dans le lieu le plus éminent de la ville. A chaque nouveau régne l'ancienne statue étoit transférée dans un cirque destiné à cet effet, où étoient rassemblés les simulacres de tous les Souverains qui avoient travaillé au bonheur de leurs sujets. On évitoit ainsi, à chaque avénement à la couronne, des dépenses énormes pour former de nouvelles places & de nouveaux édifices dans une ville, où tout le terrein étoit employé & bâti dans la forme la plus convenable.

Chacune des huit rues de la place répondoit à une place quarrée diversement ornée de piramides, d'obélisques, de statues des bons princes, de trophées des grands capitaines, & de monumens élevés à la mémoire des hommes célébres dans les sciences & dans les arts.

Deux de ces places étoient concaves; on les remplissoit d'eau; elles servoient de promenades à cheval ou en char dans les soirées d'été.

Toutes les maisons bâties en marbre, en pierre ou en brique, & voutées jusqu'au
som

sommet, étoient, pour ainsi-dire, à l'abri de l'embrasement, & pour faciliter l'entrée & la sortie des voitures, la porte principale placée au milieu du vestibule s'ouvroit également en dehors & en dedans.

Une eau pure étoit conduite en abondance dans la ville par des aqueducs. Chaque maison avoit sur le toit un réservoir qui distribuoit l'eau à tous les étages; les gens aisés se procuroient des sales de bains, & les voluptueux avoient fait pratiquer des jets d'eau dans les sales basses, où ils prenoient leurs repas en été.

Une partie des eaux passoit dans toutes les rues; une pente insensible aidoit leur écoulement; & pour en maintenir la netteté, chaque maison avoit ses fossés pour y jetter les immondices, qui par des conduits souterrains assez larges pour être visités & dégorgés au-besoin, étoient charriées jusqu'à la mer. En outre pour faciliter au public le soulagement des nécessités pressantes du corps humain & éviter l'infection dans les rues, on avoit eu l'attention de placer dans divers quartiers de la ville, des réduits qu'une eau courante nettoyoit naturellement.

Les marchés publics étoient vastes & concaves; au milieu étoit un grand égout, dans le quel les eaux, qu'on lâchoit des fontaines, entraînoient & précipitoient, chaque jour, les ordures, pour ne laisser aucun vestige capable de corrompre l'air.

Pour entretenir la propreté qui influe sur la santé, on avoit établi des bains publics, vastes & commodes, entretenus aux dépens de l'Etat pour le service des particuliers, qui n'étoient pas en état de s'en procurer chez eux. Les bains destinés pour les femmes étoient séparés de ceux des hommes; une eau vive & pure y couloit sans intermission: on ne les ouvroit point avant le lever du soleil, on les fermoit

aussi-

auſſitôt après le ſoleil couché.

On ne ſouffroit dans la ville ni tueries de boucherie, ni artificiers, ni teinturiers, ni tanneurs.

Les magazins à poudre & autres matieres combuſtibles de l'arſenal étoient placés à une très-grande diſtance de la ville.

Les ſépultures étoient ſituées hors de la ville pour prévenir les accidens que cauſe la corruption des cadavres dans l'air, malgré la terre dont on les couvre.

Les hopitaux d'infirmerie étoient auſſi placés à quelque diſtance de la ville en bon air; c'étoient des bâtimens plus vaſtes que ſuperbes, où chaque piéce avoit un ventilateur qui en renouvelloit l'air continuellement. Il y avoit ſeulement dans divers quartiers de la ville quelques hoſpices en forme d'entrepôt pour les accidens preſſés.

Les hopitaux d'invalides, d'orphelins, d'incurables, d'inſenſés, d'imbécilles, de fainéans, de gens de mauvaiſe vie, & les

mai-

maisons de force étoient placés dans les provinces les plus reculées de l'Empire.

Enfin on voyoit sur les remparts des casernes vastes & commodes, où toute la soldatesque étoit rétirée avant la nuit.

J'appris, chemin faisant, toutes ces particularités qui font l'éloge d'un gouvernement sage & d'une police attentive, ainsi que bien d'autres que je passe sous silence, parce que j'aurai occasion d'en parler plus amplement dans le Chapitre des usages, coutumes &c. Ainsi je me flatte que le Lecteur éclairé aura la complaisance de traverser la ville avec la même rapidité que je le fis dans l'impatience, où j'étois, de me trouver seul avec Arzame, pour m'entretenir de matieres plus intéressantes. Pour un voyageur curieux aucun objet n'est indifférent, campagnes, édifices, monumens &c; il ne dédaigne point de jetter un coup d'œil sur le physique d'un païs: mais il ne s'y arrête que

dans

dans le rapport qu'il a avec les loix, les mœurs & les usages de ceux qui l'habitent.

Mon guide ou plutôt mon Mentor, s'appercevant de mon empressement, me dit d'un air riant: je vois, qu'il est tems de vous délasser la vue des magnificences, qui ont pu vous éblouir; rien n'est plus propre pour cela que la retraite d'un philosophe. Il me conduisit dans une petite maison qu'il habitoit sur les remparts de la ville. Tout y étoit d'une élégante simplicité; une vue admirable, qui n'étoit bornée que par l'horison, laissoit à découvert le quart de la voute céleste; un ruisseau limpide baignoit les murs d'un petit jardin garni de fleurs, de fruits, de simples les plus rares.

Le pur nécessaire, la propreté, & la commodité se rencontroient par-tout; une petite chambre quarrée, dont chaque angle répondoit à un des quatre vents cardinaux, lui servoit de dortoir; un cabinet

de

de même forme & de même grandeur, renfermoit sa bibliotheque composée de moins de cent volumes qui contenoient néanmoins tout ce qu'il est possible de savoir, c'est-à-dire, l'essentiel de tout ce qui a été écrit depuis la création.

Un salon un peu plus vaste étoit rempli d'instrumens de phisique, de mathématique & d'astronomie, dont la plûpart m'étoient inconnus. Je n'y trouvai de ceux qui sont à notre usage, que le compas de proportion de Juste Brigge faussement attribué à Galilée, la sphere armillaire d'Archiméde, le quart de cercle, la boussole dont le véritable inventeur est Flavio Gioia, Napolitain, le télescope de Newton, le microscope, le baromètre, le thermomètre de Farenreith, l'aréomètre, le pyromètre, le pendule, l'équerre, le rapporteur, l'anémomètre de Wolf, la machine pneumatique de Boyle, le micromètre de Huygens; le gnomon, le gra-

pho-

phomètre, le planifphere, le nocturlabe, la chambre obfcure, la machine électrique, le prifme & le miroir ardent. Tous les autres inftrumens étoient ou fimplifiés ou de nouvelle invention auffi utile que curieufe. Un petit efcalier conduifoit de ce falon à un donjon, où Arzame faifoit fes obfervations aftronomiques.

Je remarquai avec plaifir, mais fans furprife que, dans la conftruction de cette maifon, on avoit évité avec foin toutes les formes cintrées, circulaires, octogones, elliptiques &c; toutes les pièces, les portes, les croifées, les cheminées étoient à angles droits. Cela me confirma dans l'opinion, où j'étois depuis longtems, que la forme quarrée convient à tout ce qui eft en repos, comme la figure fphérique eft propre à tout ce qui eft en mouvement.

Le cabinet d'Arzame devint le centre du Monde pour moi; nos entretiens rou-
loient

soient sur la phisique, la morale, l'histoire naturelle; la matiere la plus simple donnoit lieu à des dissertations courtes, mais lumineuses, qui me tenoient dans une espéce d'enchantement ; je remarquois dans les réflexions de ce philosophe une sagacité, une profondeur, une sublimité d'idées, qui passoit la portée de l'esprit humain: j'étois comme entouré de nuages transparens qui, ne me laissant entrevoir la lumiere que dans un grand éloignement, me faisoient quelquefois désespérer de la saisir: mais les discours d'Arzame, toujours accompagnés de cette modestie qui attire, de ce ton de vérité qui charme, & de cette éloquente simplicité qui entraîne, aulieu de me jetter dans l'abattement, ne faisoient qu'irriter ma curiosité.

De graces, lui dis-je un jour avec une vivacité qui le fit sourire, achevez de m'éclairer, ou laissez moi dans mon ignorance; je suis dans un état violent: il y a certainetainement quelque chofe d'extraordinaire, pour ne pas dire de furnaturel, qui fait que je me fens pénétré de tout ce que vous me dites, fans que je puiffe le comprendre parfaitement. Inftruifez moi ; apprenez moi par quel prodige les Sélénites font fi fupérieurs aux habitans de la terre, & pourquoi je trouve tout ici dans un ordre différent de ce qui fe paffe parmi nous, quoique le fond des chofes & des idées foit le même.

Apprenez d'abord, me dit Arzame, que, par une prérogative dont nous ignorons la caufe & l'origine, nous avons dans cet hémifphere une connoiffance intime de tout ce qui fe paffe fur la terre, peut-être pour nous dédommager de ce que nous fommes privés de la voir & d'en être éclairés.

Nous avons avec vous un commerce fecret dans lequel vous fourniffez toujours, fans rien recevoir en échange ; c'eft par cette

cette voie que nous nous sommes approprié les meilleures découvertes que vous ayez faites dans les sciences & dans les arts ; nous avons de plus l'art de lire dans l'âme, ce qui nous rend participans de vos idées, de vos réflexions, de vos méditations ...... vous rougissez ! ...... ne vous effrayez point, mon cher ; cette faculté est purement passive & ne peut être exercée qu'à notre profit, nous pouvons converser avec vous ; mais ne pouvant rien révéler, il n'en peut naître aucun désordre sur la terre: les projets insensés, les idées extravagantes, mais cachées y demeurent dans le plus profond secret. Vous voilà à présent instruit que, lorsque vous formez quelque projet rempli d'inconvéniens, d'objections, d'obstacles que vous cherchez à applanir, que vous travaillez à la décomposition d'idées compliquées, vous êtes dans l'erreur, croyant déraisonner seuls & sans témoins ; tandis que
les

les objections que vous vous faites, les contradictions que vous essuyez, les difficultés que vous rencontrez intérieurement vous sont suggérées par les habitans de la Lune, qui sont à votre égard le démon de Socrate. Je vous avouerai même qu'en amis bienfaisans nous nous égayons quelquefois à nourrir en vous des espérances chimériques qui soulagent des peines réelles; à vous aider dans la construction des châteaux en l'air, & dans les songes à jouer avec vous à ce qu'on appelle propos interrompus.

Malgré cet avantage, continua Arzame, nous ne serions pas encore plus avancés que vous dans la carriere des connoissances, sans un événement mémorable, qui a changé parmi nous la face des sciences & du gouvernement : la révolution n'est pas même bien ancienne; elle n'a dû son succès qu'à l'amour des sciences, de la philosophie, de la vérité, & au désir opiniâniâtre de pénétrer aussi loin que l'esprit humain peut aller. Croiriez-vous, que les jeunes gens de mon tems ne se piquoient encore de briller que par des argumens sophistiques; ils prétendoient qu'un grain de sable fait monceau, qu'une goute d'eau fait océan, que le poids d'un grain affaisse une montagne (a) &c. La tête remplie des nombres de Pithagore, des idées de Platon, des formes d'Aristote, ils ne disputoient que d'entités, de quiddités d'eccéités, d'universaux; de cathégories; ils ne recherchoient l'admiration dans leurs entretiens que par des *concetti*, des énigmes, du burlesque; ils ne calculoient qu'avec leurs doigts, ne mesuroient qu'avec leurs bras; ils n'apprenoient l'histoire que dans les romans & les tragédies; ils n'étudioient l'antiquité que dans les livres moder-

---

(a). *Subtilius est contemplisse quam solvere.*
Senec. Ep. 49.

dernes; le spectacle de la Nature n'avoit pour eux rien de merveilleux, ses phénomenes rien d'intéressant; mais ils avoient une pleine foi dans l'Astrologie judiciaire: la conversation n'étoit qu'un tissu d'avantures, de modes &c; les plus sages d'entre eux s'occuperent tour-à-tour de bilboquets, de dragiers, de devises, de calotes, de pantins, de magots &c.

Cependant les esprits s'éclairoient, les sciences fleurissoient, les arts se perfectionnoient, & l'on mettoit à profit les découvertes faites par les génies terrestres du premier ordre: c'étoit déjà beaucoup à la vérité: mais nous n'étions encore que serviles imitateurs, lorsqu'un célèbre chimiste, doué d'un esprit pénétrant, d'un génie supérieur, sentant l'insuffisance de nos lumieres & le peu de progrès, que devoit se promettre l'esprit humain borné aux cinq sens qui nous sont connus, travailla longtems aux moyens de nous en

pro-

procurer un sixieme. Après avoir assemblé une quantité prodigieuse de matériaux pour achever son opération chimique, mais sans fruit, il imagina d'y suppléer par des voyes sur-humaines pour les esprits bornés. Il évoqua l'ombre du grand Newton; elle lui apparut & lui dit: ,, puisque
,, tu te sens assez de courage pour exécuter
,, un projet que j'avois ébauché; mais
,, qu'une vie trop courte, quoique très-la-
,, borieuse, ne m'a pas permis de consom-
,, mer; (a) décompose l'esprit d'Homere,
,, Aristote, Platon, Pithagore, Hippocra-
,, tes, Bacon, Galilée, Descartes, Loc-
,, ke, Boerhave, Pascal, Leibnitz &
,, Montesquieu; brûle ensuite tous leurs
,, écrits & nourris-toi de la cendre, qu'ils
,, produiront. Le chimiste suivit exactement le procédé indiqué par ce grand homme;

(a) Il vécut avec un esprit sain jusqu'à l'âge de 87 ans.

me; cependant il n'en résulta rien : mais s'étant apperçu que dans le mélange des esprits il avoit oublié celui de Newton qui par modestie ne s'étoit pas nommé, il recommença son opération, y joignit l'esprit de Newton, & l'expérience réussit.

Le premier soin de ce chimiste, à qui nous avons dressé des statues, fut de communiquer sa découverte. Un feu céleste pénétra tous les esprits; la lumiere se répandit universellement : mais en progression des études, sans le secours desquelles avec des yeux on ne voit presque rien dans la Nature, l'oreille n'est que foiblement touchée de la musique, de la poësie, de l'éloquence &c.

Par le développement du germe d'un sixiéme sens, on résolut du premier trait ces fameux problêmes, la quadrature du cercle, la duplication du cube, la trisection de l'angle; l'équation de la parabole avec la ligne droite. Cela flatta beaucoup les géo-

géomètres spéculatifs: mais l'humanité tira des avantages réels de la découverte de la longitude & de l'application de la machine électrique au corps humain: elle se convainquit enfin, sans murmurer, que la pierre philosophale, la médecine universelle, le mouvement perpétuel, sont de pures chimères & que les causes primordiales de tous les phénomènes de la Nature resteront à jamais inconnues aux Mortels.

L'élévation des liqueurs dans les tubes capilaires, de la séve dans les plantes, la génération du flux & reflux ne furent bientôt plus un mistere : mais la génération des êtres vivans & les loix de l'union de l'âme avec le corps demeurèrent toujours dans une obscurité impénétrable. (a)

On

(a) *Rerum Natura nullam nobis dedit cognitionem finium.*
Cic. Acad. quæst. L. IV. c. 29.

On parvint bien à donner des définitions plus plaufibles (mais dont la juftefſe n'eſt pas ſans objections) de la matiere, du mouvement, du tems, de l'eſpace, de la durée, de l'inſtinct, de l'infini &c, & à tirer des lignes probables de ſéparation entre les extrêmes. D'où découla néanmoins une infinité de connoiſſances phyſiques & morales dont tout eſprit ſage doit ſe contenter.

Voilà en abregé, continua Arzame, ce que produiſit parmi nous l'acquiſition d'un ſixieme ſens. Que ſeroit-ce un jour ſi nous parvenions à en découvrir un ſeptieme! Peut-être pourroit-on ſe paſſer alors de ſiſtêmes pour expliquer le méchaniſme de la Nature.

A juger du degré auquel peuvent atteindre les ſciences ſur la terre, par le progrés qu'elles ont fait depuis un ſiecle, ajouta Arzame en terminant ſon recit, je ne doute pas qu'elles n'arrivent bientôt au point où elles font actuellement parmi nous. Que ne doit-on point attendre d'un travail constant animé par le noble amour de la vérité? Un Newton de plus (peut-être est-il déjà né!) peut consommer l'ouvrage. Il est fâcheux que nous n'ayons pas la faculté de vous communiquer nos découvertes avec la même facilité que nous profitons des vôtres : mais à votre retour vous pourrez suppléer à notre impuissance; je me le promets bien, lui dis-je avec chaleur, si vous m'aidez à recueillir tout ce dont je me propose d'enrichir notre globe, & que vous ne vous lassiez pas de mes questions. Mais, ajoutai-je, l'acquisition, que vous avez faite d'un sixieme sens, est-elle si générale que tous les esprits soient éclairés au même degré? Le vulgaire est-il géometre, physicien, astronome, chimiste, politique, éxemt de préjugés? Non, me dit-il; la lumiere s'est propagée en raison de l'étude, de l'éducation & de

la

la disposition des organes, d'où resulte la différence des esprits : mais elle a influé sur tous plus ou moins. Une Nation a un caractere dominant qui n'est point général, elle n'acquiert de la supériorité sur une autre, que parce que les grands hommes à la tête du gouvernement & les philosophes entraînent insensiblement le peuple à leur maniere de penser & de raisonner ; les connoissances & les mœurs des génies faits pour gouverner & pour éclairer, s'insinuent par gradation jusques dans les plus basses conditions.

Un Prince grand politique, par exemple, donne moins d'édits qu'un autre ; il en prévient la nécessité en réformant les mœurs & les abus, sans même que ses sujets s'en apperçoivent (a) : il flatte l'amour propre

---

(a) *Imperiti enim judicant & qui frequenter in hoc ipso fallendi sunt, ne errent.*
Quint. Instit. Orator. L. II. c. 17.

pre des uns par des distinctions qui augmentent l'émulation; il attache de la honte à ce qui est contraire au bien public; du ridicule aux modes ruineuses & aux usages extravagans; il accorde des privileges honorables au commerce, à l'agriculture, aux arts utiles; & l'Etat prend insensiblement la forme qu'il veut lui donner: le peuple, qui ordinairement n'use ni n'abuse de son esprit, est toujours prêt à se plier aux impressions qu'on veut lui faire prendre, pourvû qu'on ne heurte pas d'abord trop rudement ses préjugés favoris, & que la réforme ne soit pas annoncée. Quand on se rappelle que Licurgue parvint à persuader les Spartiates de renoncer à la propriété de leurs biens, rien ne paroît plus d'une exécution impossible. On peut, en subjuguant l'imagination, inspirer du zéle, de l'honneur, de la vertu jusques dans les conditions mercénaires. C'est ainsi qu'on compose des légions de Césars à

deux

deux *quaquifchs* (a) par jour.

Il ne faut aussi qu'un petit nombre de génies pour éclairer toute une Nation. L'usage du sixieme sens ne fut d'abord propre qu'à cette portion d'êtres privilégiés, laquelle toujours occupée de la recherche du vrai, n'a pour but dans ses travaux que le bonheur de l'humanité. Le besoin réciproque, cette chaîne imperceptible qui lie tous les hommes, le transmit bientôt dans la société, l'esprit philosophique gagna sourdement tous les ordres; le gouvernement travailla avec succès à réprimer les abus, & l'éducation prit une nouvelle forme, c'est à quoi l'on s'attacha principalement. La prévention pour les premieres idées, est la source de toutes les maladies de l'esprit; on les a reçues machinalement, & en se familiarisant avec elles on croit que ces notions sont nées avec nous.

Les

(a) C'est une monnoie qui vaut deux sols six deniers de France.

Les connoissances enfin se multiplierent; les mœurs s'épurerent, l'étude de la Nature devint un goût général, & la lumiere se répandit tellement sur tous les esprits, que le peuple même est aujourd'hui assez instruit pour commencer à voir dans la Nature les choses comme elles sont réellement, & non comme elles paroissent à nos sens trompeurs; c'est-à-dire, qu'il est beaucoup plus avancé que bien des orgueilleux sur la terre, qui, à l'ombre d'une éducation très-imparfaite, s'estiment infiniment supérieurs au vulgaire, quoiqu'ils parlent assez mal leur langue & qu'ils ne sachent pas un mot de physique.

Vous ne serez donc point étonné, dit Arzame en finissant, lorsque vous trouverez ici des laboureurs, des artisans instruits de plusieurs principes, servant de base aux connoissances humaines & donnant l'explication d'un nombre prodigieux de phénomenes qui sont obscurs pour quiconque ne fait que végeter & charger la terre du

poids

poids de son existence. Il résulte au moins de ces premieres notions que le peuple acquiert méchaniquement par l'usage, comme la langue du païs, que son esprit soit disposé à embrasser, dans l'agriculture & dans les arts, des projets utiles contre lesquels l'ignorance se roidit toujours, jusqu'à dédaigner de les tenter par de légeres expériences.

N. B. On trouvera, dans les deux chapitres suivans, une idée des connoissances tant physiques que métaphysiques, familieres au peuple Sélénite, qui seroient une algébre pour maints beaux esprits qui président chez nous dans les sociétés particulieres.

Quand je dis une idée des connoissances &c, c'est que je n'en donne réellement qu'une esquisse: les Esprits éclairés concevront sans peine que je pouvois les doubler, tripler & même décupler sans les épuiser.

CHAPITRE III.

Connoissances physiques à la portée du Peuple.

Quelques principes généraux de métaphysique universellement reçus, joints aux observations des plus profonds Physiciens, étoient devenus la base de l'éducation de la jeunesse & les sources communes, où puisoient le raisonnement & les expériences sur les phénomenes de la Nature. Une curiosité épidémique s'étoit emparée de tous les esprits ; le peuple même familiarisé avec les idées du beau & du vrai, s'étoit insensiblement désabusé de mille préjugés adoptés auparavant par les personnes même d'une condition élevée. Rien n'étoit plus commun, dans cette classe d'êtres profondément ignorans ailleurs, que de savoir

» Que le plus grand agent de la Nature est le Feu.

» Que le feu est un élément & non pas l'effet incompréhensible du mouvement qui ne peut que lui donner de l'activité, & que, comme corps, il est pesant.

» Qu'il est répandu par-tout en égale quantité, excepté dans les corps animés.

» Que la Nature du feu, ainsi que des autres élémens, est de tendre à l'équilibre, d'où résulte l'entretien & la conservation de l'Univers; & que conséquemment dans un air égal le marbre n'est pas plus froid que la laine, la différence de sensation qu'on éprouve, ne venant que de ce qu'on touche le corps le plus compacte en plus de points que le moins dense; c'est ainsi qu'une lime, une carde de lainier est moins froide au toucher qu'une barre de fer brute, & celle-ci moins que l'acier poli.

» Que nous sommes environnés de feu

en

en une quantité suffisante pour causer à chaque instant un embrasement universel; ensorte que le Monde subsiste par une espéce de miracle.

Que pour entretenir le feu, il faut de la matiere ignée, de l'eau & de l'air, & que par l'absence d'une de ces trois choses, le feu disparoît.

Que le feu & la flâme sont pesans, que la fumée est un commencement de feu, & la flâme, de la fumée qui brûle.

Qu'une des plus grandes propriétés du feu est de dilater les corps, que par conséquent tout est plus grand dans la Nature en été qu'en hiver, les hommes, les maisons &c, qu'une barre de fer grossit & s'allonge sensiblement au feu, & se rétablit dans son premier état en se réfroidissant.

Que ce qui fait connoître la sensation de chaleur ne détermine en aucune façon le degré du feu, la chaleur n'étant que la proportion ou la différence qu'il y a entre

le

le feu de l'objet extérieur & celui de l'organe.

Que la chaleur dans les corps animés, ainsi que dans ceux qui ne le font pas, n'est que l'effet de l'agitation de leurs parties, effectuée par le moyen du feu contenu dans chaque corps, qui produit dans l'âme l'idée du chaud.

Qu'il y a du feu qui donne de la lumiere sans chaleur, & d'autre qui donne de la chaleur sans lumiere; que si le mouvement chasse le feu des corps en ligne droite, il fait naître en nous l'idée de la lumiere, & s'il ne le chasse que d'une maniere irréguliere, il ne fera naître que l'idée du chaud.

Qu'un corps froid qui en touche un autre, ne le refroidit pas: mais au contraire qu'il s'échauffe aux dépens du premier; comme cela arrive dans les glaces artificielles; de même qu'un vêtement bien fourré ne fait qu'entretenir la chaleur naturelle du corps animé, & empêcher qu'elle n'aille échauffer l'air ambiant; puisque le froid qui n'est rien, mais seulement l'expression d'une moindre chaleur, ne peut agir sur le corps, qui peut perdre tellement de sa chaleur naturelle, qu'il perde enfin tout son mouvement, faute de feu suffisant pour l'entretenir.

Que le froid n'étant que le sentiment qu'excite en nous la diminution de chaleur que notre corps éprouve, l'eau bouillante très-chaude à l'égard du corps humain, est froide relativement au fer fondu qui n'a presque aucune chaleur, comparé à un fer voisin de deux degrés du soleil, qui le feroit mille fois davantage.

Que le plus grand chaud n'est pas causé par la plus grande proximité du soleil de la terre, ni le plus grand froid par son plus grand éloignement; puisque dans le plus fort de l'hiver, le soleil est plus près de la terre d'un million de lieues que dans

le

le milieu de l'été. Ce paradoxe s'évanouit si l'on observe que la plus grande chaleur est causée par la chûte perpendiculaire des rayons du soleil sur la terre, qu'ils ne frappent qu'obliquement en hiver. Cela se rend sensible en approchant le doigt d'une bougie à deux lignes de distance sans presque ressentir de chaleur, tandis qu'on ne peut le tenir à quatre pouces au dessus sans se brûler.

Que les corps noirs s'échauffent facilement, parce qu'ayant plus de pores que les autres, ils absorbent plus de rayons; les corps blancs au contraire s'échauffent très-difficilement, parce qu'ils réfléchissent plus de rayons, qu'ils n'en absorbent: ainsi par gradation du plus brun au plus clair. De deux marbres, l'un blanc & l'autre noir exposés au soleil, le premier sera à peine échauffé, que le dernier sera brûlant.

Que l'air est un corps léger, fluide, transparent, capable de compression, de dila-

dilatation, qui enveloppe le globe terrestre jusqu'à dix-huit ou vingt lieues de hauteur, qui pese sur la terre avec laquelle il tourne, dans lequel tout animal aspire, respire & sans lequel il ne sauroit vivre.

Que son élasticité est prodigieuse puisqu'il peut être comprimé dans un espace cinq cens cinquante mille fois moindre que dans son état naturel, tel que celui qui nous environne ; & qu'il peut être dilaté dans un espace huit cens vingt mille fois plus étendu que lorsqu'il est comprimé.

Qu'une colonne d'air pese comme trente deux pieds d'eau ou vingt-huit pouces de mercure ; qu'un pied quarré, base d'une colonne de l'atmosphere pese mille sept cens vingt-huit livres & que conséquemment un homme en soutient le poids & l'effort de vingt cinq mille neuf cens livres en proportion de sa surface, qui est communément de quinze pieds quarrés, l'Air le pressant en tout sens.

Que

Que l'Air, que nous respirons, doit être quatorze mille fois plus dense, que celui de l'éxtrémité supérieure de l'atmosphere, & soixante-dix mille fois moins rare que l'Ether.

Que nous nageons dans l'atmosphere comme les poissons dans l'eau.

Que l'Air chargé de nuages, quoiqu'en apparence plus lourd, est cependant plus léger que par un tems serein; parce que les pores se dilatant, on sent une langueur qui semble un appésantissement, aulieu que par un tems serein, l'Air plus pésant presse le corps & donne plus d'activité à la circulation du sang & des humeurs, ce qui fait qu'on se sent plus léger, quoiqu'on soutienne alors un plus grand poids de l'atmosphere.

Que sans la pression de l'atmosphere, on ne pourroit tirer de l'eau par une pompe, un chalumeau, un siphon; un enfant ne pourroit tetter, un cheval, une cicogne, ne sauroient boire, un homme ne pourroit fu-

fumer ni prendre du tabac par le nez, avaler un œuf frais &c. C'eſt ainſi qu'une puce, un couſin, s'abreuvent du ſang des animaux; leur trompe a ſans doute ſervi de modéle au ſiphon.

Que tous les effets que les Anciens attribuoient à l'horreur de la Nature pour le vuide, ſont uniquement dûs à la preſſion de l'atmoſphere.

Que ſans l'Air les corps ſonores ne rendroient aucun ſon.

Que l'Air eſt à un degré égal de température lorſque l'eau commence à geler, ou que la glace commence à fondre.

Que quant à la Nature, la ſubſtance & la figure des parties de l'atmoſphere, nous n'en ſavons rien que par conjectures.

Que l'Air coopere tellement aux opérations des ſens, que ſur les ſommets des plus hautes montagnes, où il eſt plus rare, re, les sensations de l'ouie & de l'odorat sont extrêmement affoiblies, & que les drogues qui ont le plus de saveur comme le poivre, le sel, le gingembre, l'esprit de vin, y sont presque insipides.

Que dans une cave profonde l'Air n'est pas plus froid dans le fort de l'été que dans le cœur de l'hiver, qu'il y est même d'un degré plus chaud; que la sensation que nous y éprouvons en différentes saisons n'est que relative à la température d'air, d'où nous sortons, pour en respirer un opposé. C'est ainsi que de deux mains que l'on plonge, l'une dans l'eau froide, l'autre dans l'eau chaude, dans un air égal, lorsqu'on les retire, celle qui étoit dans l'eau chaude, éprouve une sensation de froideur, & celle qui étoit dans l'eau froide, un sentiment de chaleur: parce que toute chaleur est insensible pour nous, à moins que les corps, qui agissent sur nos sens, n'ayent un plus grand degré de chaleur

leur que celui de nos organes.

Que tous les corps ont une atmosphere formée des parties qui s'en évaporent, ou s'en exhalent continuellement.

Que la terre a son atmosphere dans laquelle se forment tous les météores (a), & que les chaleurs souterraines, celle du soleil, le souffle des vents réfléchis sont autant de causes, qui peuvent concourir à l'élévation des vapeurs & des exhalaisons dans son atmosphere.

Tombe-t-il le matin des vapeurs insensibles, qui font des goutes sensibles en se réunissant sur les plantes, les feuilles, les fleurs, c'est la rosée; d'où l'on voit qu'elle ne tombe pas du ciel; mais qu'elle s'éléve de la terre sur laquelle elle retombe.

La

―――――――――――――――――――
(a) Si les nuées produisent en général des effets très-utiles, elles en causent aussi quelquefois de fort dangereux; elles réunissent souvent les rayons de lumiere comme les verres & les miroirs concaves, & occasionnent des traits

de

La froideur de l'air glace-t-elle légérement la rosée? c'est de la gelée blanche ou du givre.

Un amas de vapeurs & d'exhalaisons, parties de lieux humides, & retenues près de la surface de la terre par leur poids, c'est le brouillard.

Certains sels nitreux & sulphureux que le brouillard laisse couler sur les plantes, c'est la nielle.

Des exhalaisons grossieres réunies forment ces fils blancs appellés chevelure de Vénus.

Une nuée grossissant par la réunion des vapeurs, son poids augmente, & ne pouvant plus conserver l'équilibre avec l'air, elle

de chaleur très-vifs; c'est ce que nous appellons coups de soleil; les plantes sur lesquelles ils tombent en sont séchées, grillées & brûlées; le soleil, après avoir été longtems obscurci par des nuages épais, se découvrant tout à coup, produit quelquefois le même effet.

Tome I. F

elle se résout & tombe en pluye; plus elle tombe de haut & plus les gouttes sont grosses, ce qui arrive plus fréquemment en été qu'en hiver, parce qu'alors la chaleur éleve d'avantage les nuées qu'en hiver.

Une nuée gelée, qui tombe par son propre poids & se dissipe par les vents, donne la neige.

Une pluye, qui tombe par un tems chaud, obscurcie subitement par un nuage ou frappée d'un vent violent, se gele, c'est la grêle.

Le brouillard qui se gele près de la terre, forme le verglas.

Quand le soleil, la lune sont pâles, que les étoiles étincellent vivement, que les portes font plus de bruit qu'à l'ordinaire, que les fourmis quittent le travail, que que les hirondelles rasent la terre en volant, que les pierres suent, que la flamme s'éleve difficilement ou en bondissant, que l'on voit une iris autour de la lumiere d'une

chan-

chandelle, que les chats se frottent la tête avec leurs pattes, & se léchent le reste du corps, & que les abeilles ne sortent point, ce sont tous signes certains de pluye.

Les exhalaisons grossieres obscurcissent le soleil, la lune, & en alterent la couleur; elles interceptent les rayons des étoiles; elles gonflent le bois & en remplissent les interstices.

L'humidité rend les chemins impraticables aux fourmis.

Les hirondelles volent plus pesamment & vont chercher près de la terre les insectes que l'humidité fait descendre.

L'humidité forme des goutes d'eau sur la pierre.

Elle résiste à l'élévation de la flamme qui semble bondir, parceque l'exhalaison est plus pesante que l'air, ce qui forme autour de la lumiere une espece d'iris, comme autour de la lune.

Les chats savourent l'humidité qui se
ré-

répand sur leur poil.

L'humidité rend la récolte de la cire & & du miel plus difficile aux abeilles.

Que le tonnerre est l'effet d'un assemblage de matieres sulphureuses, bitumineuses, & oléagineuses élevées dans la moyenne région, qui dilatées par la fermentation, brisent les parois des nuages qui les concentrent, & causent, par leur explosion, le bruit qui, comme l'écho, se multiplie autant de fois qu'il frappe de différens corps.

Que l'éclair qui précede le coup, parce que la lumiere se propage infiniment plus vite que le son, est l'éclat de la matiere enflammée.

Que les volcans, qui lancent des flammes, ou desquels coulent des laves, & les tremblemens de terre sont des effets très-naturels de la raréfaction des matieres solides, mises en fusion par le feu central, ou d'eaux filtrées réduites en vapeurs dans

une

une enceinte qui ne peut plus les contenir; ensorte qu'il ne faut quelquefois, dans une cavité, qu'une pierre détachée d'un roc, qui tombe sur une autre & produise par le choc une étincelle, pour embraser les matieres sulphureuses & bitumineuses dont l'intérieur de la terre est rempli, ou d'eaux raréfiées par l'action violente du feu, & qui ne pouvant plus être contenues dans l'espace qui les renferment, écartent les parois de leur prison avec une telle violence, que le contre-coup peut s'en faire sentir d'une extrémité du globe à l'autre.

Que les vents ont diverses causes, indépendamment de beaucoup d'autres inconnues.

Le vent n'est que l'effet de l'air agité, qui cause une sensation sur l'organe, & ne se manifeste que lorsque l'équilibre est dérangé : ce qui arrive principalement par l'action du soleil, lorsqu'il est perpendiculaire à l'équateur & qu'il raréfie tellement l'air que celui qui l'environne étant plus dense, vient, même de très-loin, remplir le vuide, qui s'y est formé en tout sens.

Il se fait sentir, lorsque les vapeurs qui forment les nuées, se réunissent en grande quantité, rompent l'équilibre de l'atmosphere, tombent par leur pesanteur & causent une agitation aux parties qui l'entourent.

Les volcans, qui échauffent & font bouillir les eaux filtrées & rassemblées dans l'intérieur de la terre, forment des vapeurs qui, ne pouvant plus être contenues dans l'espace qui les renferme, s'élevent & sortent avec violence par les antres, les cavernes & autres ouvertures, comme de l'éolipile sur le feu.

Les vents, ainsi que les tremblemens de terre, sont plus fréquens sur la mer & sur certains lacs, parce que les cavités y sont en plus grande quantité que dans les continens.

La

La position des montagnes contribue beaucoup à la formation des vents, parce que l'air, qui s'y trouve resserré, acquérant de la force & de la roideur, se répand dans les plaines avec impétuosité.

Que ces pétrifications tirées de la mer, connues sous le nom de madrepores, ne sont que des corps pierreux formés dans les eaux par des vers appellés polypes; leurs tuyaux ou cellules sont des loges & l'ouvrage des animaux, qui y ont séjourné.

Qu'il n'y a point d'étoiles tombantes, & que ces petits globes lumineux qui roulent dans l'atmosphere & qu'on voit tomber enflammés ne sont qu'un assemblage de camphre très-volatil, de soufre, de limon & de nître; qui entrent en effervescence par le mélange de quelques matieres ignées qu'elles rencontrent, & qui tombent par leur poids en une matiere visqueuse qu'on peut ramasser.

Qu'il ne tombe point de pierres de foudre : mais que la foudre peut en détacher d'une tour ou d'un rocher & les entraîner même assez loin par la violence de son action, ou enfin calciner à terre des matieres que le vulgaire supposera tombées de l'atmosphere.

Que l'eau, ainsi que l'air, est un élément suivant l'opinion vulgaire : c'est pourtant un fluide transparent qui n'a ni odeur, ni couleur, ni saveur, dont l'état naturel est d'être glace, qui ne devient liquide que par l'action de la chaleur du soleil ou du feu central.

Qu'ainsi que tous les liquides, l'eau tend toujours au niveau, & que quelque détour qu'elle fasse dans son cours, soit en montant, soit en descendant elle remonte toujours aussi haut que sa source, abstraction faite des résistances.

Qu'elle se gele toujours du centre à la circonférence, & qu'elle se dégele de la circonférence au centre.

Que l'eau, qui a dix neuf fois moins de matiere, autrement dit, qui a trente huit fois plus de pores que l'or, ne sauroit se comprimer, tandis que l'or se comprime.

Que les vents transportent sur de hautes montagnes, les nuées qui y forment des lacs, la plûpart sources de rivieres & de fleuves, qui, en suivant l'inclinaison du terrein, reportent les eaux à la mer, d'où elles retournent ensuite sur la terre par évaporation.

Que les sources & les fontaines n'ont point d'autre origine.

Qu'un lac formé sur une haute montagne, est le produit de l'écoulement des eaux rassemblées sur des montagnes encore plus hautes, même à de prodigieuses distances, d'où elles descendent en pente par des cavités, qui ont communication avec le bassin dans lequel elles se réunissent.

Que les eaux, qui s'écoulent de ces lacs & se filtrent au travers des terres & des rochers, vont former à des distances considérables, des sources qui fournissent ou s'épuisent en proportion de la quantité de pluye qui tombe sur la terre.

Que ces sources sont froides, chaudes, minérales, salées ou colorées, selon les matieres qu'elles rencontrent dans le sein de la terre, dont elles s'empreignent, ou par la fermentation qu'elles ont éprouvée.

Qu'il y a non seulement des puits d'eau très-douce sur les bords de la mer; mais qu'il y a dans la mer des sources d'eau douce, & même d'eau chaude.

Que l'eau est, ainsi que l'air, l'aliment de tous les végétaux, & que la terre n'en est que la matrice.

Que l'eau ne peut dissoudre qu'une quantité déterminée de sel, environ la trentieme partie de son poids.

Que toute végétation cesse au degré de température, où l'eau commence à geler.

Que le point de la congelatoin est le
point

point extrême de la végétation du côté du froid, & que si quelques plantes, comme la mousse, l'herbe-à-foin &c. y survivent, elles ne végétent point pendant ce tems-là.

Que la cire fondue, qui est une substance végétale, est, lorsqu'elle nage dans l'eau échauffée, le juste degré de chaleur pour le point opposé de la végétation du côté du chaud, au dessus du quel les plantes périssent, au lieu de végéter.

Que la chaleur de la plante n'ayant que celle de l'air qui l'environne, qui en été est de 30. ou 35. degrés au dessus de la congélation, elle est toujours bien moindre que celle de l'homme qui est de 54°. son sang de 64°. & son urine de 58°.

Que comme les végétaux manquent de cette puissante machine inconnue, qui, dans les animaux, par les contractions pousse le sang par les arteres, la Nature a disposé leurs racines par où s'éleve la seve, avec une couverture qui est un couloir

très-

très-fin d'un tissu épais & serré, qui fait qu'il ne peut rien y entrer que ce qui peut passer par les pores des feuilles par voie de transpiration, seule route que puissent prendre les excrémens des végétaux.

Que les végétaux tirent le jour beaucoup d'air, qu'ils rendent la nuit.

Que la pluye fait monter la séve, ainsi que la rosée, parce qu'elles diminuent la transpiration de la plante.

Que les plantes renferment une quantité considérable d'air; que le chêne, dit Pline, en contient presque le tiers de son poids.

Qu'aucun végétal ni animal terrestre ne peut être produit, vivre ou croître sans air; que les œufs ne sauroient éclorre, ni les semences germer dans le vuide; que sans air il n'y a ni corruption ni putréfaction; qu'ainsi l'air vivifie & détruit tout, qu'ainsi que l'eau il ne doit qu'au feu sa fluidité; sans quoi toute l'atmosphère se dur-

durciroit en une masse solide & impénétrable.

Que la plante transpire dix-sept fois plus que l'homme, parce qu'elle a une surface proportionnément plus grande, & que les arbres ne transpirent & ne tirent qu'en proportion de leurs feuilles.

Que le tourne-sol & autres plantes élevées avec une tige foible, se panchent toujours du côté du soleil, parce que la courbure est plus grande du côté de la plus grande transpiration.

Que la gomme, qui est une maladie dans les arbres, & qui fait périr les parties voisines, ne cause aucun dommage aux fruits.

Que le champignon, la truffe, ne sont point des plantes, parce qu'ils n'ont ni racines ni semences.

Que la corruption, la pourriture, ne peuvent produire aucun être vivant, qu'elles n'engendrent pas plus les insectes & la vermine qu'une charogne n'engendre des corbeaux.

Que quelques lieux ne sont préservés des oiseaux, des insectes ou d'autres animaux nuisibles, que par des causes naturelles, & antipathiques, comme certaines odeurs dans le bois, dans les matériaux des édifices, la rencontre des vents ennemis &c, simples phénomenes que la superstition a souvent attribués à des causes surnaturelles.

Que les chenilles, les araignées, ainsi que bien d'autres insectes dégoutans, ne sont point vénimeuses, puisque plusieurs animaux en vivent & que nous-mêmes nous en avalons tous les jours des millions imperceptibles.

Que les orties n'élevent la peau, ainsi que les chenilles & autres animaux réputés vénimeux, que parce qu'elles laissent dans la peau une pointe aigue qui la déchire; la chenille ne produit le même effet

fet que l'ortie, que parce que quelques brins de poil très-durs pénetrent la chair & en interrompent, ainsi qu'une écharde, la continuité des parties.

Que le corail n'est point une plante marine, qu'il appartient au regne animal, ainsi que l'éponge, l'astroïte, l'acetabule &c, tous composés d'insectes de mer.

Qu'il n'y a de sorciers que ceux qui avec des connoissances particulieres de la pyhisique & de la chymie, en imposent au vulgaire ignorant, en lui présentant pour phénomenes des effets très-naturels.

Qu'il n'y a point de jours, de mois constamment heureux ou mal-heureux.

Que lorsque le soleil se couche & qu'on voit même encore une partie de son disque ; ou lorsqu'il commence à paroître sous l'horison, il est alors à 18. degrés ou 450. lieues au dessous : la réfraction des rayons faisant paroître l'astre où il n'est pas, de la même maniere qu'un bâton

pa-

paroît rompu dans l'eau, ou qu'en remplissant d'eau un bassin au fond duquel est une monnoye qu'on n'appercevoit pas, chacun des spectateurs la découvre : mais pas un d'eux dans le même endroit, c'est-à-dire, qu'on ne la voyoit pas d'abord où elle étoit, & qu'ensuite on la voit où elle n'est pas.

Que les rayons du soleil n'éclairant la terre que par une double réflexion, c'est-à-dire, après s'être pliés deux fois, une sur la terre & une dans l'atmosphere, s'il n'y avoit point d'atmosphere, il ne feroit pas plus clair en plein midi, qu'à minuit dans un champ, à la clarté d'un flambeau.

Qu'un des plus étonnans phénomenes de la lumiere, c'est qu'elle se réfléchit de dessus les corps sans toucher à leur surface.
—— *Newton.*

Que si l'on pouvoit éclairer l'objet qu'on voit au télescope, comme l'on fait celui qu'on qu'on voit au microscope, au lieu de mille fois que grossit la plus longue lunette, on pourroit le grossir plusieurs millions de fois comme on fait avec le microscope.

Que ce tissu de diverses couleurs disposées en arc dans les nuées, qu'on nomme arc-en ciel ou Iris, est l'effet des rayons du soleil, réfractés par des gouttes de pluye, phénomene que le spectateur n'apperçoit que sous un angle de 41. ou 42. degrés, lorsque tournant le dos au soleil, son œil est placé entre l'astre & la nuée. Que ce météore n'est, physiquement parlant, le signe d'aucun événement agréable ou fâcheux : & que les rayons du soleil se refractant différemment suivant la position des spectateurs, aucun d'eux ne peut voir exactement le même arc-en ciel.

Qu'on peut faire un arc-en ciel dans une chambre, si, après avoir attaché un drap noir contre un mur exposé au soleil, on disperse de l'eau en petites gouttes

tes entre le drap & le spectateur (a).

Que le mouvement de la lumiere est droit, puisque si l'on fait un trou à deux portes d'une chambre, diamétralement opposées, la lumiere traverse ces deux trous pour aller peindre un objet dans la seconde chambre, sans éclairer la premiere.

Qu'à la réserve des Cometes qui parcourent, dans leur cours périodique, des lignes paraboliques ou hiperboliques, toutes les planetes décrivent dans leur orbite, autour du soleil, des ellipses dont il occupe un de leurs foyers.

Que tout corps en mouvement tend à décrire une ligne droite, & la décrit à moins que quelque obstacle ne l'en détourne : que par la même raison tout corps qui tour-

───────────

(a)° Dans les doubles arcs-en-ciel les couleurs sont renversées, parce que les rayons qui entrent dans les gouttes d'eau par la partie supérieure en sortent par la partie inférieure; ils font l'effet contraire dans les seconds, ils entrent

tourne autour d'un centre, fait ses efforts pour s'en éloigner, parce que plus il en est loin, & plus la ligne qu'il décrit, approche de la ligne droite.

Que la terre tournant sur elle-même en vingt-quatre heures, chaque point du globe dans la ligne de l'équateur parcourt en une heure un espace de plus de trois cens cinquante lieues.

Que l'espace que parcourt la terre dans son orbite, est d'environ cent millions de lieues dans un an.

Que la vitesse du boulet de canon, qui parcourt 600 pieds dans une seconde ou 6000 toises dans une minute, est moindre de plus de moitié que celle du mouvement diur-

trent par la partie inférieure.

Le météore présente un arc à l'œil du spectateur, parce que les rayons forment un cône, dont la nuée est la base & le sommet. Nous verrions le cercle entier, si nous étions plus élevés sur l'horison.

diurne de la terre, & que le boulet de canon parcourant 144 lieues dans une heure ou 3456 lieues dans un jour, seroit environ vingt cinq ans à arriver jusqu'au soleil.

Que le son a environ le double de la vitesse du boulet de canon, puisqu'il parcourt 1142 pieds dans une seconde.

Que le vent affoiblit le son; mais qu'il n'en retarde pas la marche, c'est-à-dire, que ses ondulations se propagent en tout sens avec la même vitesse par un air plus ou moins agité; mais qu'un vent violent peut porter le son plus loin qu'un vent foible : & que l'intensité du son est moindre en hiver qu'en été.

Mais que toutes ces vitesses n'ont rien de comparable avec celle de la lumiere qui, parcourant 66 mille lieues dans une seconde, fait environ quatre millions de lieues dans une minute; puisqu'elle parvient du soleil sur la terre en sept à huit minutes, ce qui est démontré par
l'im-

l'immersion & l'émersion des satellites de Jupiter. —— *Huygens.*

Qu'il y a un rapport assez exact entre la lumiere & le son, ainsi qu'entre les couleurs primitives & les tons de la musique; mais, que l'harmonie des corps célestes du grand Pythagore est une brillante chimére.

Que l'oreille a dix mille fois plus de finesse pour distinguer les sons que la vue n'en a pour discerner les couleurs.

Qu'il n'y a point de froid, de grandeur, de petitesse, de légéreté absolus.

Que le froid absolu, la nuit, l'ombre, l'obscurité, les ténebres, l'opacité, le néant &c. sont des êtres purement négatifs, le froid n'étant qu'une moindre chaleur; l'ombre, les ténebres une moindre lumiere; l'opacité un composé de diaphanes; le néant une privation de toutes choses.

Que le griphon, la chimére, la sirene, le faune, le satire, les harpies, le phœnix, l'hippogriphe, le centaure, le sphinx,

sphinx, l'amphisboene &c, sont des êtres fabuleux purement imaginaires: mais que l'hidre à plusieurs têtes a un exemple dans le polype d'eau douce.

Que l'interprétation des songes est une sottise; l'art de lire dans les lignes des mains une puérilité; & la curiosité de pénétrer dans l'avenir une témérité impie.

Que les enfans, qui naissent dans le huitieme mois de la grossesse, vivent d'autant plus sûrement, qu'ils sont plus formés que ceux, qui viennent au monde dans le septieme.

Que les fourmis ne font point de provisions pour l'hiver, que par conséquent elles ne rongent point le germe du grain pour le conserver; qu'elles vivent, tapies dans la ter-

(a) Les hirondelles se blotissent sous la glace pendant l'hiver en se serrant les unes contre les autres; elles demeurent ainsi endormies jusqu'à ce que le printems les ranime.
Transact. Philos. année 1713.

terre pendant le froid, ainsi que les ours dans les neiges, seulement de leur propre substance (*a*).

Que les cometes sont des globes (peut-être habités comme la terre) qui n'ont aucune influence sur les corps sublunaires; qui n'indiquent pas plus la mort des Grands que la naissance des Petits, êtres égaux dans l'ordre de la Nature. Qu'à la vérité les cometes pourroient causer un desordre considérable dans les sistêmes du Monde, si leur route n'étoit prescrite dans l'espace, comme celle des autres astres: enfin, que leur barbe, leur longue chevelure, leur queue énorme, n'ont rien d'effrayant & ne sont qu'une traînée de lumiere qui les accompagne (*b*), prise de l'atmosphere du soleil.
Que

(*b*) Le passage des cometes n'a causé de terreur, ainsi que les aurores boreales, que dans des tems d'ignorance, où la stupidité a été telle, que des charlatans seuls éclairés alors, se sont enrichis à vendre des remédes contre l'influence des éclipses & des cometes.

» Que ce qu'on appelle envies de femmes enceintes, dont les enfans semblent porter les marques, n'ont, malgré tous les prodiges qu'on en raconte, aucune réalité; que la créature dans le sein de la mere n'a de relation avec elle que par la nourriture qu'elle lui fournit; que la mere n'est à l'égard de l'enfant que ce qu'est la terre qui sert de matrice aux plantes, lesquelles tirent leur nourriture des sucs filtrés par ses pores; que le placenta sur lequel repose le fœtus est comme un nid d'hirondelle attaché à une muraille, qui n'a aucune action sur lui; qu'il est incontestable que la volonté n'ayant aucun pouvoir sur un corps étranger, l'imagination seule fertile en visions, trouve des rapports entre les facultés intellec-

(o). La crédulité n'a-t-elle pas été séduite, sur ce préjugé vulgaire, au point de croire que le Cardinal du Perron ne fut un si savant homme, que parce que sa mere, étant grosse de lui, eut envie d'une bibliotheque qu'elle ne put acquérir.

lectuelles & les matérielles, & s'épanouit à fixer les causes d'accidens très-naturels avec la même sagacité, qu'elle rencontre dans les nuages, des châteaux, des animaux, & dans les pyrites, les marbres, les stalactites &c, des figures qui n'y sont réellement pas (*a*).

Que les éternuemens sont au nombre des présages funestes, dont l'illusion est dissipée depuis bien des siecles.

Que la chouette, le chat-huan, le hibou & autres animaux nocturnes n'ont de sinistre qu'un goût pour les vapeurs cadavéreuses, & un cri désagréable auquel l'obscurité ajoute quelque chose de lugubre & d'effrayant.

Qu'il ne pleut ni du sang ni de la laine, ni des pierres &c. mais que ces prétendues

pluyes

* Si le phénomene existoit, il seroit à désirer que toutes les envies produisissent de semblables effets; on en pourroit former un art en excitant ainsi des désirs utiles.

Tome I.   G

pluyes de sang n'étoient colorées que par des insectes de cette couleur, enlevés des lacs par des ouragans: que de même la laine & les pierres étoient transportées par des vents violens d'un lieu dans un autre.

Que ces vues perçantes qui, dit-on, pénetrent à plusieurs pieds en terre & découvrent les sources d'eau & les métaux, doivent être mises au rang des belles chimeres, ainsi que la propriété, qu'a la baguette divinatoire de poursuivre les voleurs & les assassins.

Que sous la zone torride, les nuits y sont aussi fraîches que dans les climats tempérés, & qu'il y a aussi bien que dans la Siberie, de hautes montagnes couvertes de neige depuis la création.

Que la couleur noire sur la peau des hommes est purement l'effet du climat, puisque les negres naissent blancs.

Que dans les pays situés au milieu de l'Europe, la gelée la plus forte ne pénetre pas

pas la terre à deux pieds de profondeur, tandis que dans les pays septentrionaux en deçà du cercle polaire, elles pénetre à six, & même à dix pieds.

Que par la respiration & la transpiration insensible, un corps humain bien constitué, exhale quatre livres pesant d'alimens en vingt quatre heures, sans mouiller son linge : & que ces quatre livres pourroient remplir une vaste place, & les vapeurs être d'une telle densité, que les rayons du soleil ne pourroient la pénétrer.

Qu'un homme qui veille, transpire moitié moins, que celui qui dort tranquillement.

Qu'un sommeil inquiet diminue de plus de cinq onces la transpiration naturelle.

Qu'une balle poussée contre une autre lui communique le mouvement qu'elle perd, lorsqu'elle est arrêtée par la résistance du choc.

Que lorsque la pierre à fusil frappe contre l'acier, elle en détache par la violence du choc, des parties qui s'enflamment & tombent en fusion, en des petits globes creux qu'on peut recueillir sur le papier.

Qu'une balle d'ivoire ou de toute autre matiere élastique, qui tombe sur une enclume, s'applatit ainsi que le plan sur lequel elle tombe, & qu'en se séparant par le bondissement que cause l'élasticité réciproque des deux corps, chacun d'eux reprend subitement sa forme naturelle.

Qu'une cloche que l'on sonne, s'allonge alternativement à l'endroit frappé par le battant, & se rétablit aussi-tôt dans son premier état.

Qu'une balle de fer, une pierre lancée contre un roc, l'ébranle jusques dans ses moindres parties.

Que le métal le plus léger pese le double

(*a*) Qu'on prenne une pelotte de figure conique, où l'on fiche perpendiculairement, des épingles dont la pointe touche le fond; on verra qu'il

ble de tout autre corps le plus pesant.

Qu'un terrein montueux, de figure quelconque même conique, ne donne pas plus d'étendue pour semer ou planter que la surface de sa base. (a).

Que par la loi naturelle de l'équilibre où tendent tous les corps, si l'homme, dans un mouvement, étend un bras, l'autre s'éleve en forme de contrepoids, sans que la réflexion y ait aucune part; que celui qui monte se courbe, celui qui descend se panche en arriere; que les hommes gras, les femmes grosses se tiennent plus droits que les autres; que l'homme, qui marche le plus droit, panche alternativement, à chaque pas, le corps à droite & à gauche, que l'oiseau branché qui dort sur un pied, place sa tête au côté opposé au pied levé; que le quadrupede galope sans mouvement de

droi-

qu'il n'y en peut entrer une de plus, que ce qu'en pourroit contenir l'espace circulaire qui en est la base.

droite à gauche (ce que ne peut faire le bipede), parce qu'il a toujours pour point d'appui la jambe gauche de devant avec la droite de derriere, ou la droite de devant avec la gauche de derriere, le centre de gravité étant dans la diagonale.

Que les femmes ont, comme les hommes, vingt quatre côtes, douze de chaque côté, dont sept grandes tiennent au *sternum* & cinq n'y tiennent pas.

Que la cochenille se trouve dans le ver qui est la punaise des Indes, laquelle établit par préférence sa demeure sur l'arbre appellé figuier d'Inde.

Que les taupes ne sont point aveugles, qu'elles ont des yeux, mais si petits qu'on diroit que la Nature ne leur a donné de la vue qu'autant qu'il en faut, pour ne point craindre la lumiere.

Que

―――――――
(*a*) Pourquoi la même chose n'arrive-t-elle pas dans les animaux raisonnables ? La vue d'un

Que les cristaux, les pierres précieuses, les diamans sont composés de quartz, de spath & de sel ; que ce ne sont point des eaux congelées dans l'intérieur des montagnes : mais en origine des parties d'argile ou de sable liées par les sels & les huiles ; qu'ils sont plus ou moins diaphanes, selon que leurs pores plus ou moins directs, laissent plus ou moins de passage à la lumiere : qu'ainsi la même matiere différemment disposée, forme le grez & le diamant.

Que la nacre est une espece d'huître du dedans de laquelle on retire la perle, qu'on ne trouve que dans celles qui sont mal-saines, & qui se forme probablement de la même maniere que la pierre dans les reins ou dans la vessie d'un homme malade (*a*).

Que avantage considérable soulageroit l'homme dans les douleurs cruelles, qu'il éprouve en se soumettant à la taille.

Que l'homme qui mange de toutes sortes d'alimens, & le bœuf qui ne vit que d'herbe, ont à peu près le sang de la même nature.

Qu'il y a très-peu de différence entre la bile de l'homme & celle du mouton.

Que les pigeons ont du fiel, & même qu'ils font plus coleres que bien d'autres animaux.

Que dans les animaux, l'agilité diminue en proportion de leur plus grande force, & vice versâ.

Que de tous les oiseaux de jour, le coq & le rossignol sont les seuls qui chantent pendant la nuit.

Que la longue vie qu'on accorde aux cerfs, aux corbeaux &c, est une puérilité ; que de tous les animaux, l'homme est celui qui vit le plus longtems.

Que rien ne fermente, ni ne pourrit dans le vuide.

Que la chauve souris n'est pas un oiseau,

seau, quoiqu'elle vole; mais un animal quadrupede, puisqu'elle a quatre pieds, qu'elle est vivipare & qu'elle n'a ni bec ni plumes (a).

Que l'hirondelle, ainsi que plusieurs oiseaux de passage, ne traversent point les mers pour aller habiter des climats plus doux; mais qu'ils se retirent en hiver dans l'intérieur de la terre, & quelques-uns au fond des eaux.

Qu'une corde composée de plusieurs fils, soutient un poids moins fort que ces mêmes fils unis ensemble, mais sans être tordus.

Qu'un fil de soie de grosseur parfaitement égale dans toute sa longueur, soutiendroit un poids immense, sans pouvoir se rompre, puisqu'il n'y auroit aucune raison pour qu'il cédât à un endroit plutôt qu'à l'autre.

C'est

───────────
(a) Cet animal a une chair délicieuse dans l'île de Bourbon, c'est l'ortolan d'Europe.

C'est ainsi que des nerfs, des muscles, des fibres, des vaisseaux capillaires dans le corps humain, résistent à des efforts prodigieux sans se rompre.

Que le cheveu le plus délié est une gaîne qui en contient plusieurs.

Que la dent est un composé d'un million de canaux & de fibres creux, dans lesquels circulent les esprits animaux.

Qu'il n'y a rien d'opaque dans la Nature; que les métaux, les minéraux, les végétaux réduits en feuilles minces, sont diaphanes, ainsi que les corps vivans; ce dont on peut aisément se convaincre, en présentant à une lumière, le doigt qui, quoique très-épais, est transparent; tout opaque n'étant qu'un assemblage de lames & de couches diaphanes.

Qu'un

(*a*) Infini est négation de fini, comme immensité est négation de mesure &c.

On peut prouver la divisibilité de la matière à l'infini par la fécondité des auteurs à enfanter des

Qu'un aveugle né ne sauroit voir en songe aucun objet, aucune image, qu'il peut seulement rêver les toucher, n'ayant, ni ne pouvant avoir connoissance des corps que par le tact, dans le songe comme dans la veille.

Que tous les corps connus sont poreux; que l'or, même le plus compacte, ne se dissout que parce qu'il y a des pores; qu'avec un bon microscope on peut compter dans un pouce quarré de charbon plus de cinq millions de pores.

Que la matiere est divisible & indivisible à l'infini, métaphysiquement divisible & physiquement indivisible à l'infini.

La matiere est métaphysiquement divisible à l'infini, (a) puisque d'un nombre quelconque on peut concevoir la moitié,

_le_
des livres nouveaux, c'est-à-dire, des portioncules de matiere, propres seulement à augmenter la surface des bibliotheques, sans rien ajouter à leur substance.

le quart, le huitieme, le seizieme, le trente-deuxieme &c, jusqu'à l'infini; & que de toute portion de matiere qui a toujours une longueur, une largeur & une profondeur, & qui ne peut être anéantie par une extrême séparation, on peut pareillement concevoir une division dans la même gradation, jusques à l'infini. Que si l'imagination est forcée de s'arrêter dans la route, la divisibilité n'en est pas moins possible par delà, quoiqu'il n'y ait plus moyen de rendre l'idée sensible; de même que les termes manquent pour exprimer une unité avec mille zeros, qui se représente facilement sur le papier.

La matiere est physiquement indivisible à l'infini, parce qu'à un certain point de petitesse de ses parties, les instrumens manquent pour porter plus loin la division; elle est néanmoins si prodigieuse par certaines expériences, qu'elle surpasse de beaucoup les idées humaines.

Un

Un grain d'or battu, étendu de cinquante pouces quarrés, donne deux millions de parties visibles.

Un lingot de quarante cinq marcs d'argent de la longueur de vingt-deux pouces, doré avec une once d'or, peut être tiré par la filiere à la longueur de deux cens vingt-deux lieues, toujours d'or, sans que l'argent paroisse; ce fil applati double de largeur, & ses deux surfaces couvriroient un arpent de terrein.

Le même fil étant tiré à la longueur de deux cens vingt-deux lieues, on peut dissoudre l'argent dans l'eau forte, de maniere qu'il restera un tube d'or pur, & vuide de toute cette longueur.

Un grain de cuivre rouge dissous dans de l'esprit de sel ammoniac & mêlé avec trois livres deux onces d'eau, teint toute l'eau qui contient environ 10500 pouces cubiques, dont chacun donne deux cens seize millions de parties visibles, donc un

G 7   seul

seul grain de cuivre se trouve divisé en 2,268,000,000,000, de parties visibles.

Tout cela n'est encore rien en comparaison de la divisibilité de la matiere qui s'écoule des corps odoriférans. Une once de musc exhale une odeur très-forte, en remplit des espaces considérables pendant des années entieres, sans rien perdre sensiblement de son poids ; odeur si pénétrante qu'elle arrête, assoupit & rend immobiles des serpens d'une grandeur énorme.

Enfin on a découvert par le moyen du microscope, des animaux vivans vingt sept millions de fois plus petits que les plus petits animaux sensibles à la vue. (a) Combien l'imagination ne doit-elle pas être effrayée, quand on se représente que ces animaux

―――――

(a) Leewenhoek, Hartzoeker, Muschenbroek, Needham, Boyle, Nieuwentyd, Lisberkuhn, Malpighi, Grew, Linnæus, &c.

maux ont des yeux, des pieds, des intestins, des veines, des arteres, un cœur, du sang; que ce sang a des particules? A l'aspect de pareils prodiges peut-on se refuser de convenir que le fini ne sauroit comprendre ni concevoir l'infini, même abstractivement?

Que six personnes peuvent s'arranger autour d'une table, de 720 façons différentes; huit de 5040; neuf de 362, 880. & dix de trois millions six cens vingt huit mille huit cens manieres, sans que la même figure soit jamais répétée.

Que tous les habitans de Paris, fussent-ils au nombre de 700 mille, pourroient se promener dans le superbe jardin des Thuilleries sans se toucher.

Que 900 millions d'hommes, qu'on suppose sur la terre, peuvent être contenus dans un espace de deux lieues quarrées de 20 au degré.

Que par des relevés faits en divers pays

avec

avec exactitude, on trouve qu'il naît constamment environ un neuvieme de mâles plus que de femelles ; que les générations sont de trente ans ; la vie commune de l'homme de vingt ans ; c'est sur ce principe que les rentes viageres ont été établies au double du revenu des rentes perpétuelles.

Que le noyer n'est pas plus sujet à la foudre, que le figuier n'en est exempt.

Que les écailles de l'épiderme sont les canaux excrétoires des glandes de la peau ; comme cela est évident dans les poissons.

Que dans une écaille cuticulaire il y a environ 500 canaux excrétoires ; qu'un grain de sable peut couvrir 250 de ces écailles, par conséquent 125,000 pores ou orifices par lesquels se fait la transpiration journaliere.

Que par la circulation du sang, porté du cœur à toutes les parties du corps par les arteres & rapporté par les veines, l'oreillette ou la cavité gauche du cœur, qui contient deux onces de sang, se vuide à chaque sistole & se remplit de nouveau sang, ensorte qu'il passe par le cœur 120 onces de sang dans une minute, 7200 dans une heure ou 450 livres, & dans vingt quatre heures 10800 livres; & qu'ainsi toute la masse du sang, estimée vingt quatre livres environ, passe quatre cens cinquante fois par jour au travers du cœur.

Qu'il n'y a que quelques parties du corps qui puissent nous procurer des plaisirs, & que toutes, à la réserve des ongles & des cheveux, font éprouver de la douleur.

Qu'une flèche, qu'on décoche d'un arc, ne se détache point de la corde, que celle-ci ne se soit remise dans son état naturel.

Que les feux follets sont des exhalaisons subtiles enflammées, qui n'égarent les voyageurs abstraits ou craintifs, que parce qu'elles les précedent & sont continuellement poussées en avant par l'air, qu'agite

le

le corps, qui est en mouvement.

¹ Qu'une plume, une feuille d'or & une balle de plomb tombent avec une vitesse égale dans le vuide, par la force qui attire tous les corps au centre de la terre; mais que dans l'air, dans l'eau, dans le mercure, leur chûte est inégale en raison de la densité du milieu, de leur pesanteur spécifique & des surfaces des corps.

Qu'on peut par analogie, croire que les étoiles sont autant de soleils, qui ont, comme le nôtre, chacune un tourbillon & des planetes, qui tournent autour d'eux, & qu'entre deux étoiles, qui semblent à la vue distantes de dix toises l'une de l'autre, il peut bien y avoir un espace de douze cens millions de lieues, tant est prodigieux leur éloignement de la terre. L'opinion, que ce sont autant de soleils, s'appuye sur ce que, scintillant, ce que ne font pas les planetes, elles ont leur lumiere propre.

³ Que la durée de la vie dans l'homme,

ainsi

ainsi que dans tous les animaux, est proportionnée à la durée de leur accroissement, & de six ou sept fois ce tems.

Que la mer perd en douze heures, par évaporation une superficie d'un dixieme de pouce, & qu'ainsi elle seroit bientôt tarie, si les vapeurs que les vents transportent sur les terres, n'y retournoient par les fleuves & les rivieres.

Que le vent du nord est très-vif, principalement parce qu'il souffle en ligne directe, & non en tous sens, comme le sud; c'est ainsi que l'air qui, sort des poumons, donne également le froid & le chaud; le chaud, lorsqu'on ouvre la bouche; le froid, lorsqu'on la resserre.

Que toute matiere étant calcinable ou vitrifiable, la marne & la pierre, l'argile & le caillou sont les deux extrêmes de ces deux classes, & les bases de tous les mixtes, & que les matieres d'une classe ne peuvent jamais acquérir la nature & les pro-

propriétés de l'autre; argument invincible contre la transmutation des métaux.

Que dans la chûte des graves vers le centre de la terre, le mouvement accéléré ou la vitesse, augmente en raison des nombres impairs 1: 3 : 5 : 7. &c, que conséquemment un homme du poids de 140 livres, qui tombe du haut d'une tour fort élevée, se fracasse, parce qu'il peut peser plusieurs milliers à la fin de sa chûte: mais que toute la vitesse acquise se perd par le plus leger contrecoup, ensorte que s'il se heurtoit même foiblement à un pied de distance de la terre, il tomberoit sans se faire le moindre mal; de même qu'une boule qui, roulant sur un plan incliné, acquiert par la vitesse beaucoup de pesanteur, n'a au dernier degré d'un escalier que la pesanteur qu'elle avoit acquise du premier au second.

Que chaque globule de sang étant composé de six autres, & chacun de ces derniers

niers de six autres globules formés encore de six autres, chaque globule est composé de deux cens seize globules sanguins.

Que les détériorations, les exfoliations qu'éprouvent les pierres, les bâtimens, les marbres exposés au grand air, ne sont point, comme se le persuade le vulgaire, causées par les impressions de la Lune: mais par l'action continuelle de l'air, & l'exhalaison dont aucun corps sublunaire n'est exemt.

Que l'opinion, qui fait regarder les fruits comme source des maladies épidémiques, qui regnent souvent en automne, est une erreur populaire; des observations réitérées ayant fait reconnoître, qu'elles n'étoient ni plus dangereuses ni plus communes dans les années abondantes en fruits de toute espece, que dans les plus rares.

Qu'on attribue témérairement à des maléfices magiques, les maladies des troupeaux; aux fascinations, celles des enfans;

fans; que les breuvages qui font voir en songe, l'objet de ses désirs, les accidens d'impuissance &c, n'existent par aucune cause surnaturelle; & que tous ces prétendus enchantemens éprouvés par des imaginations ardentes ou altérées, proviennent de causes naturelles, inconnues à ceux qui en sont l'objet, & qui la plûpart doivent leur effet à la crainte, & à des pieges tendus à l'ignorance, la superstition ou la crédulité.

Que la Lune n'a aucune influence sur la crue des cheveux, la plénitude des huîtres, des écrevisses, des moules, la moelle des os, la réussite de ce qu'on seme, de ce qu'on plante, &c. Pour se détromper de cette erreur si générale, il suffit d'observer que les rayons de lumiere de la Lune, rassemblés au foyer du miroir ardent, ne donnent aucune chaleur sensible.

Enfin que le barometre n'est point un instrument, qui serve à mesurer les degrés de pesanteur de l'atmosphere: mais les degrés de son ressort ou de son élasticité.

Observation Générale.

Si à l'extrait des connoissances physiques, qui sont à la portée du Peuple Sélénite, on ajoutoit celles des personnes plus éclairées, on enfanteroit des volumes: mais il suffira de dire, pour terminer ce Chapitre, qu'il y a si peu de vrais physiciens sur la terre, que quelques-uns nient la possibilité de trouver du sel dans l'eau pure; d'autres sont surpris de ce que des plantes croissent & se multiplient sur les tuiles, quoiqu'elles ne reçoivent, pour toute nouriture que de l'air & de l'eau de pluye &c.

S'ils veulent se désabuser ou s'éclaircir, qu'ils étudient, dissequent, composent, analisent, extrayent, purifient, combinent, examinent enfin les Etres depuis l'instant de leur premier développement, leurs progrès, leurs variations, jusqu'à leur décrépitude ; qu'ils comparent le degré du développement & de la destruction, la diversité des matieres, qui entrent dans les composés qui, quoique sortis de la même source & ne procédant que d'un même principe, prennent une quantité innombrable de formes ; ils se convaincront par des expériences réitérées & des méditations suivies, que la corruption est le premier degré de toutes les générations ; que l'eau contient de la terre, du feu & de l'air ; que la terre contient de l'air, de l'eau & du feu &c ; que toutes ces choses se confondent & dominent alternativement ; que l'eau produit des pierres, du bois, de la chair, des os, des fruits &c.

Que la perte de l'équilibre par excès d'un élement sur les autres, en change la disposition, la forme, la couleur, la consistence, la vertu, la propriété.

Que toutes les choses ne sont pas précisément aujourd'hui ce qu'elles étoient hier,

&

& que demain elles ne seront pas ce qu'elles sont actuellement.

Que leur économie varie perpétuellement, qu'elle s'aneantit, & que chaque élément & la matiere élémentée qui la constituoit, retourne à leur commune origine, se réunissant par diverses sortes de modulations pour édifier d'autres Etres, qu'un nouveau mélange selon la qualité de l'aimant & la matrice, rassemble & proportionne.

Enfin que le sel de Nature inconnu dans les écoles, quoiqu'il n'y ait rien de plus commun, & de plus universel, contient l'âme, le corps & l'esprit animal & végétal de tous les Etres matériels, & est susceptible de toutes sortes de formes.

CHAPITRE IV.

Connoissances Méthaphysiques à la portée du Peuple.

LE peuple savoit distinctement que les cinq sens ne sont, à proprement parler, qu'un seul sens, celui du toucher qui veille continuellement à l'instruction des autres sens.

Que les quatre autres sens, la vue, l'ouïe, le goût, l'odorat, ne sont que des modifications de la sensation générale du tact, puisque nous ne pouvons sentir des impressions d'aucun objet extérieur, que cet

(a) Nos sens sont l'unique voie par laquelle nous pouvons communiquer avec toute la Nature: c'est un milieu interposé entre notre âme & le Monde physique: milieu à travers lequel passent nécessairement les images des choses ou plutôt les ombres projettées sur notre sens intérieur.

cet objet ne frappe quelque partie de notre individu, soit directement, soit par l'entremise de quelque fluide intermédiaire.

Que l'intelligence enfin n'est qu'un toucher abstrait.

Que rien ne parvient à l'âme que par l'entremise des sens (a).

Que rien ne parvenant à l'âme, qui ne soit altéré par l'entremise des sens, l'âme dans une continuelle incertitude, ne peut juger sainement de rien, qu'avec une extrême circonspection.

Que c'est de l'âme, que viennent tous les sentimens: mais que c'est par les organes, que passent tous les objets qui les excitent.

Qu'il

rieur. Il faut, pour épurer ce milieu, écarter tout ce qui pourroit altérer les images primitives ou les teindre de couleurs étrangeres, ou du moins se mettre en état de reconnoître & même de rectifier les altérations qu'elles subissent à leur passage.

Qu'il n'y a point de relation entre les opérations des sens (a); qu'ils ne peuvent se prêter ni secours ni soulagement; que l'un d'eux ne peut s'appercevoir des fautes que commet l'autre; que souvent même ils se contrarient: comme, par exemple, la peinture, qui est plate au toucher, paroît élevée à la vue; le musc excite en même tems une sensation agréable à l'âme par l'odorat & fâcheuse par le goût; on voit dans l'onde, dans un miroir, des objets qui n'y sont pas.

Que l'âme est déçue par les sens, lorsqu'une tour quarrée lui paroît ronde à une certaine distance; qu'elle juge inexistant ou anéanti, ce qui, par son extrême petitesse, n'est qu'invisible: que souvent, par préoccupation, on ne voit pas les objets sur lesquels

―――――

(a) —— —— *seorsum quoique potestas Divisa est: sua vis quoique est:* ——
Lucret. L. IV. v. 491.

quels l'œil eſt fixement attaché ; qu'ainſi deux rangs d'arbres paralleles & de même hauteur ſemblent s'abaiſſer & ſe réunir à l'extrémité d'une avenue, & la Lune aſſiſe ſur leur cime.

Que ſi nous connoiſſons un objet par un ſens, les autres n'ont aucune priſe ſur lui (*b*).

Que les ſens, à leur tour, ſont trompés par l'âme & offuſqués par les paſſions : c'eſt ainſi qu'un amant trouve dans l'objet de ſa tendreſſe, des traits de fineſſe, des graces, des agrémens, qui n'y exiſtent pas pour tous les autres yeux : que la haine trouve dans un autre, des traits de laideur & de difformité, qui n'y ſont pas ; qu'une femme jalouſe remarque dans ſa rivale, un air gauche, un maintien indécent, un eſprit

___
(*b*) *An poterunt oculos aures reprehendere? an aureis Tactus? an hunc porro tactum ſapor arguet oris? An confutabunt nares, oculive revincent?*
  Lucret. L. IV. v. 488.

prit borné, des années qu'elle n'a pas, enfin mille défauts qui se multiplient & augmentent, à proportion des avantages que sa rivale a réellement sur elle.

Qu'une disposition triste ou gaye de l'âme, obscurcit ou embellit tous les objets qui, restent constamment dans le même état.

Que l'âme offusquée par la prévention, se trompe souvent elle-même dans les choses intellectuelles: c'est ainsi qu'on déprise un bon ouvrage d'un auteur sans réputation, & qu'au contraire le nom d'un auteur célebre, nous aveugle sur ses sottises, & qu'on a vû, plus d'une fois, un drame anonime réussir, & tomber dès que l'auteur a été connu.

Que les premiers mouvemens des passions, sont dans la Nature, qu'elles sont toutes bonnes dans leur essence, & qu'on ne devient criminel, que par l'abus qu'on en fait.

Que rien ne vient de rien; qu'ainsi depuis

puis le commencement du Monde, où tout a été créé en même tems, toute naissance n'est qu'une nouvelle modification de la matiere, une perpétuelle réproduction qui sort d'un état invisible, après avoir péri en apparence ; en d'autres termes, qu'il ne naît rien qui n'ait déjà existé sous une forme ou sous une autre (a).

Que les sensations ne sont point dans les objets qui les occasionnent ; que l'harmonie n'est point dans le clavecin : mais dans l'âme.

Que l'idée du bonheur est également présente à tous les esprits & le désir de se le procurer également vif dans tous les cœurs. Les objets du plaisir & de la douleur toujours les mêmes, ne changent que par la maniere de les envisager, selon les différentes sortes d'esprits, de caracteres,

de

―――――

(a) ――― *sic rerum summa novatur.*
  Lucret. L. II. v. 74.

de tempéramens, ou d'aspects dans lesquels ils se présentent. La mort considérée de sens froid comme le plus grand des maux, est un bien & l'objet des désirs de celui qui souffre cruellement, donc l'idée de la mort est une affaire de tempérament.

Que l'homme ne peut que produire & qu'il ne peut rien créer; qu'il ne sauroit rien imaginer, qui n'ait son type dans la Nature, dont la plus parfaite imitation n'est encore qu'une esquisse informe de l'art.

Que ce qui fait que l'homme ne peut créer, c'est-à-dire, imaginer quelque chose qui n'ait de la ressemblance avec des objets connus, & qu'il ne peut découvrir d'autres facultés, que celles que nous trouvons en nous-mêmes, c'est qu'il est impossible d'étendre nos conjectures au delà des idées, qui nous viennent par la sensation & la réflexion.

Que les bornes de l'entendement sont telles, que l'esprit ne peut concevoir ni la
di-

divisibilité de la matiere à l'infini, quoique démontrée, ni comment se fait la vision, comment l'on distingue les couleurs, les odeurs, les sons, la pesanteur des corps, l'organisation des animaux, les loix de l'union de l'âme avec le corps &c, toutes vérités naturelles qui sont autour & au dedans de nous. Que du reste notre entendement est tel qu'il doit être, rélativement aux fins auxquelles nous sommes destinés, & les sensations nous ayant été données, plus pour contribuer à la conservation de notre être, que pour acquerir des connoissances, si elles nous trompent souvent, elles suffisent cependant toujours à nos besoins (a).

Que le tems n'est ni un corps ni une substance: mais seulement la suite des choses

---

(a) *Non enim nos Deus ista scire, sed tantummodo uti voluit.*
Cic. de Divinat. L. I. C. 18.

ses que nous concevons, puisque si rien n'existoit, il n'y auroit point de tems.

Que la Nature tendant en tout à l'équilibre, il n'y a de fortuit en rien, tout étant combiné jusqu'au hazard même (*a*).

Que la corruption qui n'est qu'un être négatif, n'est le principe d'aucune génération : mais seulement l'occasion d'un changement de forme dans la matiere par la dissolution de continuité de ses parties : que quand on brûle du bois, rien n'en périt ; la partie la plus subtile s'éleve & s'envole en fumée, la partie huileuse s'attache à la cheminée & forme la suye, la partie la plus grossiere, qu'on appelle cendre, tombe par son propre poids.

Que le mouvement, qui n'est rien de réel, ne se comprend pas plus que le repos

d'un

(*a*) Le hazard est un mot vuide de sens, qui sert seulement à exprimer un concours d'événemens ou d'accidens, qui favorisent ou dérangent les projets humains. C'est un être chimérique

au

d'un corps à l'égard de celui d'un autre corps. (*b*)

Que l'on ne connoît dans le mouvement, que le mouvement même, aſſujeti à des loix connues, c'eſt-à-dire, l'eſpace parcouru, & le tems employé à le parcourir.

Que les cauſes métaphyſiques du mouvement ſont inconnues, ce qu'on appelle cauſe n'étant tel qu'improprement & ſouvent effet, du quel reſultent d'autres effets.

Que la génération & la corruption ſont les deux termes extrêmes du mouvement, & la rarefaction & la condenſation, les deux termes moyens.

Que le plus merveilleux phénomene de la Nature eſt le mouvement, ſans lequel l'Univers ſeroit engourdi & plongé dans une

auquel on attribue ſottement les effets dont on ignore les cauſes.

(*b*) Le mouvement naît de la rupture du parfait équilibre, & le repos vient du rétabliſſement de ce même équilibre.

H 6

de l'éthargie éternelle, ou dans une uniformité, pire que le Cahos.

Que toutes ces idoles favorites de l'entendement, domestiques ou étrangeres, que l'esprit humain peu éclairé saisit avec tant de passion, ne sont que des erreurs de famille, ou naturelles à notre espece, telles que l'habitude de juger de tous les objets par le rapport qu'ils ont avec nous ou avec les objets du dehors, c'est-à-dire, les préjugés de la Nation, de la société & de l'éducation.

Que l'on apprend à voir, à entendre, à juger des distances par le toucher & par habitude, comme par étude on apprend à lire, à écrire, l'arithmétique &c: mais qu'il est très-difficile d'apprendre à bien voir & à bien entendre.

Que nous rapportons les objets à l'extrémité des rayons droits qui nous affectent, ce qui fait que l'objet le plus éloigné de nous, n'est pas à une plus grande distance

de

de l'œil, que le plus proche: qu'il ne devient senfible à l'organe de la vue, que lorsque les rayons, qui s'en émanent, se peignent sur la rétine ou sur la choroïde, c'est-à-dire, lorsqu'ils frappent le fond de l'œil où commence & finit la senfation, à quelque distance que soit l'objet; & qu'ainsi sans l'expérience du toucher, & l'habitude qui est une étude méchanique qui nous apprend à juger des distances, nous n'en pourrions distinguer aucune. C'est de cette maniere, par exemple, que la Lune, qui paroît au Zenith dans un grand éloignement, nous femble toucher la touffe d'un arbre au bout d'une avenue; que, quoiqu'on voye un cheval à peu près de la même grandeur à cent pas de diftance qu'à dix, l'œil le voit cependant dix fois plus petit; qu'on ne voit donc réellement rien dans la Nature, de la maniere que les chofes y exiftent, ce qui fait qu'on ne peut fe perfuader, qu'on voit tous les objets doubles, de droite à gau-

gauche, tous renversés de haut en bas, & de bas en haut : que, quoique l'œil croye appercevoir la quatrieme partie du ciel par un trou fait avec une épingle sur un papier, il ne voit cependant qu'un point de l'espace distinctement, & tous les autres confusément ; enfin qu'on ne voit que d'un œil, & que tandis que l'un voit, l'autre se repose. (*a*).

Que les couleurs ne sont point dans les objets ; qu'il n'y a dans dans la Nature de coloré que les rayons du soleil ou des soleils, que tous les autres corps ne font que les réflechir en plus ou moins grande quantité, suivant la contexture de leurs pores,

———

(*a*) Argus ne voyoit pas les objets plus multipliés, que Polyphême.

(*b*) Si la saveur étoit une propriété dans les alimens, le même mets seroit friand, doux, amer, savoureux ou fade pour tous les estomacs, comme la pierre est dure pour tous les touchers.

Si les couleurs étoient dans les objets, elles frap-

res, & le lieu où l'organe est placé, puisque personne ne voit exactement le même arc en ciel ; que conséquemment le ciel n'est point bleu, la neige n'est point blanche, le charbon n'est point noir, le souffre n'est point jaune, l'herbe n'est point verte &c, & que les transmutations produites par le mêlange de plusieurs couleurs, ne sont point réelles : mais seulement telles par erreur de la vue, que le microscope redresse en lui faisant distinguer les couleurs mêlées ou broyées.

Que les alimens n'ont point de saveur ; que les fleurs n'ont point d'odeur ; que le feu n'est point chaud &c. (*b*).

Le

---

frapperoient également la vue dans les ténebres, comme à la lumiere.

Si l'odeur étoit une propriété dans les corps odoriférans, elle frapperoit au même degré, l'organe dans les lieux les plus élevés, comme dans les plus bas, ce qui n'est point.

Le feu ne brûle pas ; il ne fait qu'interrom-

Le peuple enfin, sans être savant, raisonne assez, pour sentir qu'il faut un systême pour concevoir à peu près comme vont les choses dans ce Monde; de quelle maniere elles peuvent se mouvoir; comment les astres se soutiennent dans l'espace sans point d'appui & perseverent constamment dans leur cours périodique sans s'entrechoquer, ou se précipiter l'un dans l'autre. Entraîné par le suffrage des Philosophes, le Vulgaire a une idée superficielle, mais suffisante de la Théorie de Newton. Quelques sensibles que soient les effets de l'impulsion sur la matiere dans les opérations de l'art, nous

rompre & desunir la continuité des parties qu'il déchire, ce qui cause la douleur: il ne contient point la qualité consumante non plus que l'éguille, qui entre dans la chair, n'a en soi aucun principe de douleur.

On peut dire que le feu échaufe, luit & brûle actuellement par-tout, & dans un autre sens, qu'il néchaufe, ne luit & ne brûle nulle part. Ces expressions contradictoires, *par-tout & nul-*

nous ne les confondons point avec les ressorts employés par la Nature, lesquels nous nous contentons de soupçonner. En ce cas nous ne trouvons rien de plus probable ni de moins sujet à objections que l'attraction, dont la force semble se manifester dans toute la Nature & d'où découlent les effets les plus sensibles & les conséquences les plus lumineuses.

Nous sentons toutefois qu'il y aura toujours des vuides entre les sistêmes les mieux liés: mais si nous réfléchissons sur l'imperfection de l'instrument avec lequel nous les

le part, reviennent au même. Car sentir la même chaleur par-tout, signifie qu'on n'en sent point; il n'y a que le changement qui nous soit sensible. S'il n'y avoit point de variation dans l'Atmosphere, ou que l'air ne fut susceptible ni de dilatation ni de contraction, nous n'en soupçonnerions pas l'existence, comme nous ne sentons celui qui nous comprime violemment, que lorsque notre corps sort de cet état naturel par la raréfaction ou la condensation de ce même air.

les formons, la foiblesse de notre esprit & les bornes de notre intelligence, nous nous étonnerons plutôt de ce que nous avons découvert, que de ce qui nous reste encore de caché. Ainsi je vous avouerai de bonne foi, que jusqu'à ce qu'un nouveau sistême détruise aussi solidement l'attraction, qu'elle a anéanti les tourbillons, ce que je n'affirme pas impossible, ou plutôt jusqu'à ce qu'il plaise à la Nature de se montrer à découvert, ce que je n'ose pas espérer, nous nous en tiendrons à la plus grande probabilité, que nous puissions recevoir.

CHAPITRE V.

Vanité des Nations.

RIEN n'étoit plus délicieux pour moi, que les entretiens fréquens que j'avois avec Arzame.

S'il est un peuple, lui dis-je un jour, dans ce que nous appellons improprement Univers, c'est-à-dire, dans le petit tourbillon de la terre dont nous avons encore l'injustice d'excepter la Lune; s'il est, dis-je, un peuple qui puisse avec raison tirer vanité de sa supériorité, c'est sans doute le Sélénite: je désirerois d'en connoître l'origine. Ah! me répondit Arzame, dispensez-moi, je vous prie, de vous satisfaire là-dessus. De tous les préjugés qui nous sont restés, (car il n'est pas de l'humanité de s'en dépouiller entiérement) celui-ci, j'ose le dire, n'en fait point partie; notre amour propre ne va pas jusqu'à nous fabriquer une origine au milieu des profondes ténebres, qui environnent la véritable; d'ailleurs, quand on se rappelle que presque tous les grands empires doivent leur fondation à des troupes de brigands, de scélérats, de proscrits, qui pour s'assurer l'impunité, ont été, à force de crimes, de meurtres, de de rapines, établir des colonies dans des climats éloignés, on trouve qu'il est dangereux de fouiller dans les tems reculés, (a) & qu'il est plus sage de jouir des douceurs d'un gouvernement policé, que d'en rechercher, dans une source obscure ou fabuleuse, des sujets de honte & de confusion. Combien de Maisons illustres rougiroient d'avoir eu, pour souche, des âmes viles, mercenaires & barbares ? Il n'y a point de Rois qui, en remontant par delà la source dont ils décorent leur généalogie, ne se trouvassent avoir eu des esclaves pour ayeux, ni d'esclaves, qui ne pussent compter des Souverains parmi leurs ancêtres.

Il est plus glorieux d'être le fils de ses œuvres, c'est-à-dire, le premier que le dernier de sa race.

Tel

(a) Tous les grands Empires ont commencé par des hameaux, & les Puissances Maritimes, par des barques de pêcheurs.

Tel qui n'a d'autre mérite, que de compter une longue suite de nobles ancêtres, peut être comparé à un vieillard en enfance, qui auroit fait autrefois de grandes choses; cette vaste gallerie ornée des portraits de ceux qui l'ont précédé & illustré & qu'il étale avec tant de faste, n'est qu'un monument qui dépose contre lui (*b*).

Se vanter de la noblesse de ses ancêtres, a dit un homme sensé, c'est rechercher dans la racine des arbres, les fleurs & les fruits que devroient porter les branches. Un ruisseau est souvent limpide dans sa source, qui se trouble & devient fangeux dans son cours. La vraie noblesse est la personnelle. Elle consiste dans la pratique de l'honneur, de la vertu & de la bienfai-
san-

(*b*) *Nam genus, & proavos, & quæ non fecimus ipsi,*
Vix ea nostra voco. ——— ——— ———
Ovid. Metam. XIII.

fance. Au lieu de nous égarer dans l'immensité des tems, nous nous en tenons à ces maximes & nous nous en trouvons bien.

Plût au ciel, m'écriai-je, que tous les peuples de la terre fussent aussi sages! que de vains titres s'en iroient en fumée! mais la maladie de toutes les Nations est d'avoir une ancienne origine, d'inventer & d'adopter les fables les plus absurdes pour l'appuyer, & souvent de trouver, dans des langues, qui n'ont aucune analogie entre elles, des rapports de noms pour la démontrer.

Les Grecs étoient si vains d'une antiquité propre, que les Athéniens aimoient mieux descendre des fourmis de la forêt d'Egyne, que de se reconnoître pour un peuple étranger dans l'Attique.

Les Thessaliens entêtés de la même folie, honoroient les insectes & leur rendoient un culte, comme à leurs véritables ayeux.
Cet-

Cette manie d'antiquité s'étend des capitales aux villes subalternes, de celles-ci aux bourgs, aux villages, aux hameaux. Plusieurs villes se disputent impérieusement la prééminence les unes sur les autres, dont les fiers habitans n'offrent pour titres de leur supériorité, que le triste avantage d'exister sur des monts escarpés, où l'on ne parvient qu'en grimpant par des chemins raboteux; des tours chancelantes prêtes à les ensevelir sous leurs ruines; des masures, où ils sont exposés à toutes les intempéries des saisons; un sol aride qui leur refuse les premieres nécessités de la vie; infortunes réelles dont ils se croyent dédommagés par la gloire chimérique, d'avoir servi de berceau à de grands hommes dans les armes, les sciences & les arts; c'est-à-dire, à des génies, qui ont eu le bon sens de déserter les murs, qui les ont vû naître, pour aller puiser des connoissances dans des sources étrangeres, & jetter dans des contrées

moins

moins antiques, mais plus heureuses, les fondemens de leur élévation.

C'est encore la manie de tous les hommes, de tirer vanité de mille choses auxquelles ils n'ont de part que relativement. On se glorifie d'être d'une Nation qui l'emporte sur les autres pour l'opulence & le nombre des habitans ; d'avoir des parens riches, élevés en dignité. On se vante fastueusement d'une supériorité, qu'on ne doit qu'à la forme du gouvernement, à la constitution de l'Etat, à l'éducation qui influe sur les caracteres, à la politique, dont l'art est de mettre à profit les passions, art qui rend des peuples entiers braves, pleins d'honneur & de franchise, tandis qu'il en rend d'autres timides, superstitieux, efféminés, pusillanimes. Regarder ces avantages comme des dons de nature, n'est-ce pas s'énorgueillir d'être né sous un climat doux, d'avoir un sol fertile, de respirer un air salubre, de n'être pas né aveugle,

con-

contrefait &c? Qui pourroit douter qu'un Sibarite élevé à Sparte, eût été défintéreffé, fobre, intrépide, & qu'un Spartiate nourri à Sibaris, eut été mol, efféminé, avide de plaifirs?

Ce phantôme de l'imagination, eft toutefois un bien réel, en ce qu'il excite l'émulation dans les âmes indolentes. Pour quelques-uns c'eft un rameau du patriotifme, qui produit des actions héroïques, des vertus éclatantes, qui porte à foutenir une réputation acquife, à partager l'honneur attaché à une Nation, par des faits glorieux, dont on fe croit héritier. C'eft une efpece de patrimoine que l'amour propre invite à conferver, aggrandir, & qu'on tranfmet par l'exemple à fes defcendans.

Pourquoi faut-il qu'une opinion, qui eft la fource des vertus privées & de la gloire d'un Etat, engendre en même tems ces haines nationales qui, faififfant l'efprit de chaque individu d'une contrée ennemie ou

Tome I. I ri-

rivale, font honte à l'humanité? Les gens de bien de toutes les Nations font faits pour s'aimer & pour s'estimer. La différence des gouvernemens, des mœurs, des usages, des croyances, les guerres même ne font pas des obstacles à ce sentiment naturel, qui doit lier tous les hommes (a). L'antipathie est un misérable préjugé de naissance ou d'éducation, si dépourvu de fondement, qu'il auroit un effet contraire sous un climat opposé, & que le jugement

doit

(a) *Tros Rutulusve fuat, nullo discrimine habebo.*

Virgil. Æneid. L. X. v. 108.

(b) Les Grecs avoient la vanité de prétendre être les inventeurs de toutes les sciences & de tous les arts, qu'ils n'avoient fait que perfectionner, après les avoir reçûs des Barbares.

Tatien de Syrie leur dit dans un discours malignement étendu, qu'ils n'avoient rien commencé. Quelle est, leur disoit-il, parmi vous, la science qui ne tire son origine de quelque Etranger? Vous n'ignorez pas que l'art d'expliquer les songes vient d'Italie; que les Cariens se font

avisés

doit redresser en faveur du mérite particulier. Il faut laisser au peuple ces haines de rivalité, il n'est pas fait pour raisonner; elles lui tiennent souvent lieu de zele pour le bien public.

A force de nourrir un préjugé, comme celui de l'excellence des mœurs, du goût, du génie de son pays, on se le persuade tellement, qu'on ne peut plus le distinguer de la raison. Les Grecs, (*b*) ce peuple si poli & si éclairé, traitoient de barbares tou-

avisés les premiers de prédire l'avenir par la diverse situation des astres; que les Phrygiens & les Isauriens se sont servis, pour cela, du vol des oiseaux, & les Cypriotes des entrailles encore fumantes des animaux égorgés; vous savez encore que les Chaldéens ont inventé l'astronomie, & les Perses la magie; les Egyptiens, la géometrie; que les Phéniciens, par un rare bonheur, ont inventé les lettres & la navigation. Vous devez les premiers élémens de la poësie & toutes vos cérémonies à Orphée; vous avez emprunté des Egyptiens, la maniere d'écrire l'histoire; de Marsyas & d'Olimpus les doux accords de la musi-

que;

toutes les autres nations, qui les appelloient elles mêmes barbares. Qui avoit raison? Barbarie, chez les peuples ne signifie, à proprement parler, que différence d'usages & d'éducation (*a*). La fatuité & l'ignorance s'honorent réciproquement des mêmes titres. En certains pays la géométrie, l'astronomie, les mathématiques sont considérées comme des sciences barbares, comme nous appellons improprement sauvages, les fruits que la Nature produit sans culture; tandis que cette dénomination ne convient qu'à ceux dont nous avons altéré,

par

que; des Phrygiens les chœurs de flûtes; des Tyrréniens la trompette guerriere; les Cyclopes vous ont appris l'art de forger le fer, & une illustre Reine de Perse, les regles du stile épistolaire. &c. De quoi vous enorgueillissez-vous donc tant?

Que de peuples vains & superbes pourroient être humiliés par de pareils reproches!

(*a*) Anacharsis étant venu de Scythie à Athè-

nes

par artifice, la qualité naturelle (*b*).

Nous donnons libéralement l'épithete de sauvages, à ces heureuses nations qui suivent, en tout, l'impulsion simple de la Nature; où le mensonge est en horreur; dont le jugement brut est supérieur à notre plus saine politique, & qui enfin n'ont besoin de loix, d'ingénieurs, ni de médecins: nous déplorons leur misere, & cependant nos poëtes ne trouvent que dans leur condition, le modele d'une félicité parfaite. Les vrais sauvages sont donc ceux qui ont défiguré la Nature, en prétendant la réformer,

nes pour s'instruire dans les loix & les maximes de Solon, fut traité de barbare par un jeune Grec; *de quoi t'énorgueillis-tu*, lui repliqua froidement Anacharsis? *je ne parois dans ton pays, que ce que tu paroîtrois dans le mien.*

(*b*) Il faut convenir cependant que si les fraises de bois & quelques autres fruits l'emportent pour la saveur sur ceux de nos jardins, l'industrie a rendu les autres plus agréables par l'ente, la greffe & la cultivation.

mer, qui ont travesti les sentimens d'humanité, qu'elle nous inspire, & donné par un raffinement étranger à la naïveté de ses principes, l'entrée à tous les vices qui troublent, corrompent & deshonorent l'état de société.

Qu'est-ce encore que cette vanité qui éleve, entre certains peuples, des disputes sur la gloire d'avoir été les inventeurs de la poudre, de la boussole, de l'imprimerie, du télescope, du microscope &c?

Si toutes ces découvertes ont un côté favorable pour l'état civil, elles en ont plusieurs aussi désavantageux que funestes pour l'humanité.

Si la poudre rend les guerres moins longues, parce qu'on s'extermine plus promtement, moins meurtrieres, parce qu'il y a moins de mêlées : elle fait aussi, qu'il n'y a plus de places imprenables, c'est-à-dire, qu'il n'y a plus d'asiles contre la violence & l'injustice, & qu'entre particuliers il n'y a plus d'abri contre la vengeance & la témérité.

Si la bouffole a enrichi la botanique, la médecine, l'aftronomie, l'hiftoire naturelle: fi elle a réuni des peuples entiers, féparés par des efpaces immenfes, pour ne faire, pour ainfi dire, de la terre, qu'une société prête à s'entre-fecourir & à fe communiquer réciproquement les biens, que la Nature avoit difperfés & accordés à quelques contrées privativement à d'autres, elle a caufé auffi la deftruction barbare d'une des plus belles parties du Monde, malheureufement avantagée d'un métal, objet de l'avidité de toutes les autres. La bouffole a étendu le commerce: mais elle nous a fuggéré de nouvelles idées de fenfualité funeftes à la fanté; elle a multiplié nos befoins, en d'autres termes, elle nous a procuré des remedes à des maladies que nous n'avions point. Elle a accru la foif infatiable des richeffes, fource empoifonnée de la corruption des mœurs; elle a porté au comble, un luxe deſtructif; elle a enfin transféré d'un hémiſphere à l'autre une affreuſe maladie, inconnue avant cette merveilleuſe découverte; maladie qui a été pendant longtems en Europe le fléau du genre-humain, ou l'inſtrument vengeur de l'extermination des Amériquains.

Si l'imprimerie nous rend contemporains des ſiecles les plus reculés, ſi elle nous a tranſmis pour notre inſtruction, les idées & les connoiſſances des hommes illuſtres qui nous ont précédés, leurs actions héroïques, leurs vertus pour modéles, les ſciences & les arts cultivés avant nous pour notre utilité, elle a auſſi immortaliſé les ſotiſes des hommes, que la Nature ſembloit avoir eu ſoin de rendre paſſageres; elle a conſervé la mémoire de faits honteux, de crimes atroces, qu'il eut été un bien d'ignorer: elle a occaſionné des guerres littéraires indécentes, ſcandaleuſes; elle a multiplié &
éter-

éternifé des ouvrages dangereux pour les mœurs, capables de tourmenter les races futures, & qui auroient péri avec leurs auteurs; elle a perpétué les fatires, les libelles, qui ont diffamé injuftement des hommes refpectables, des familles entieres; révélé des mifteres, qui devoient demeurer enfevelis dans une éternelle obfcurité; enfin elle a perpétué plus d'erreurs que de vérités, & caufé tant d'autres défordres dans le fiftême moral, que la queftion, fi l'admirable découverte tant célébrée de l'imprimerie, a produit plus de biens qu'elle n'a caufé de maux, reftera vrai-femblablement au rang des problêmes infolubles. *Adhuc fub judice lis eft.*

Si le microfcope nous a dévoilé, dans la nature des merveilles imperceptibles à nos yeux, un nouveau Monde; il a bien humilié auffi notre orgueil & puni notre curioté, en concentrant notre admiration fur les objets, que nous jugions auparavant vils & méprisables : il a rendu hideuse la beauté, qui attiroit & réunissoit toutes nos affections ; la plus belle femme regardée au travers de cet instrument ne représente qu'une peau rongée de vermine, couverte d'écailles brutes, de rugosités, & de cicatrices, l'esquisse d'un cadavre ; le plus beau diamant n'offre que des faces mal dressées & peu simmétrisées ; dans les traits les plus brillans d'un tableau, on ne voit qu'un mélange confus de couleurs discordantes ; dans la plus superbe étofe, qu'un amas de cordages hérissés d'étoupes ; dans les alimens les plus délicats, le plus sensuellement apprêtés, que des repaires d'animaux dégoutans ; dans l'air, qu'insectes dévorans que nous respirons par millions, pour hâter notre destruction.

Etoit-il donc si désirable de voir dans la Nature les choses comme elles y sont réellement ? Cette mere bienfaisante avoit disposé nos yeux pour nous tromper délicieu-

sefement, & satisfaire nos besoins d'une manière agréable, en nous présentant adroitement la beauté où elle n'est pas, & où il nous étoit plus important de la rencontrer. Notre imprudente curiosité a détruit une illusion toujours flatteuse & souvent préférable à la réalité dans le physique; il ne nous reste plus, qu'à nous étourdir sur nos maux & nous aveugler sur notre misére, par l'agitation & les tourmens; foible dédommagement de ce que nous avons perdu par les fatales découvertes, dont nous tirons sottement tant de vanité.

Les lunettes, par bonheur, ont jusques ici une action limitée sur le physique, garre que l'industrie ne parvienne à composer un microscope moral qui représentât au vrai les sentimens & les caracteres, & devoilât l'hipocrisie? L'homme ne pourroit plus souffrir son semblable, la société rentreroit dans le néant.

De quel œil doit-on regarder ces monumens fastueux de l'orgueil humain, desireux de perpétuer son existence pendant bien des siecles, après qu'il aura cessé d'être. (a) Quand on se représente, que l'Empereur Adrien fit bâtir la *Moles Hadriana* (b) pour sa sépulture; que parmi des princes qui font vœu d'humilité, Jules II. fit construire le plus vaste temple qui ait jamais existé, pour lui servir de mausolée: que les Rois d'Egypte ont employé des millions d'hommes, pour élever ces piramides énormes, qui par leur structure, bravent les fureurs & les ravages du tems, pour y renfermer un peu de cendre (c): quand on se rappelle qu'Alexandre consentit que le mont Athos

(a) —— *Nunc levior cippus non imprimit ossa. Laudat posteritas, nunc non è manibus illis, Nunc non è tumulo fortunatâque favillâ Nascuntur violæ?*
     Pers. Sat. I. v. 38.
(b) Aujourd'hui le château St. Ange à Rome.

Un soin extrême tient l'homme d'allonger son être,

thos servit à faire sa statue: que Sémiramis vit exécuter la sienne du mont Bagistant, rocher escarpé, de dix-sept stades de hauteur perpendiculaire & plein d'inégalités, qu'il fallut d'abord unir, & qu'elle y étoit placée au milieu de cent de ses gardes; quand on considére enfin, d'un œil philosophe, que ces monumens destructibles de la vanité, deja entamés par le tems, périront un jour avec la mémoire de ceux qui les ont fait ériger, peut-on concevoir l'orgueil de l'homme dans un passage d'un instant sur un globe, qui n'est qu'un point dans l'Univers. La richesse des tombeaux, a dit un sage de l'An-

être, il y a pourvû par toutes sortes de pieces; pour les corps sont les sépultures, pour les noms, la gloire.

Mont.

(c) *Quid brevi fortes jaculamur ævo*
Multa ?

Horat. od. XVI. L. II.

l'Antiquité, n'éblouit point les dieux (a).

Si tous les hommes qui ont vecu, avoient eu un tombeau, je ne dis pas un temple, il auroit bien fallu avec le tems, pour trouver des terres à cultiver, renverser ces monumens stériles & remuer la cendre des morts, pour nourrir les vivans.

Les Souverains aujourd'hui plus modestes & plus sages, se contentent d'un caveau commun avec leur famille, plusieurs se passent de mausolées, d'urnes, de simulachres, de sarcophages, de cenotaphes. Titus, Trajan, les Antonins, Louis XII. Henry IV. Louis XV. vivront sans doute plus longtems que ces vestiges de grandeur, de magnificence & de foiblesses. Les cœurs sont des archives qui ne périssent point.

Vo-

(a) Si c'est une folie que de vouloir vivre après la mort, c'est lorsqu'on néglige ses mœurs pour le soin de sa reputation; & quand il seroit vrai, que de chercher à se survivre par des actions éclatantes d'honneur & de vertu, ce fut une

Vôtre maniere de penser, dis-je à Arzame, me paroit si juste & si sensée, que je ne doute point, qu'elle n'ait en partie sa source dans les premiers principes d'éducation; je serois charmé d'être instruit de la forme, que l'on donne à celle que reçoit la jeunesse Sélénite. Je vous satisferai, me repondit Arzame, dans un autre entretien.

CHAPITRE VI.

De l'Education.

L'EDUCATION de la jeunesse, me dit Arzame, étant l'objet le plus important de la législation, puisqu'elle influe sur toutes

une folie, elle peut passer pour sagesse dans ce monde, par le bien que l'exemple & les leçons procurent au genre humain, en lui inspirant la vertu. Cette folie a cela de plus, qu'elle est universelle & qu'elle n'a rien de ridicule.

tes les actions de la vie, & qu'elle est la source du bonheur ou du malheur de l'homme en particulier, & de la société en général; le Prince, occupé en pere de famille de la félicité de ses peuples, n'a rien négligé, pour que les enfans reçussent une bonne éducation, & qu'ils suçassent avec le lait, des principes tendans à former de bons, de fideles, & d'utiles sujets. (a)

Sur le plan dressé par le Prince, les premiers soins des parens ont pour objet le tempérament, qui fait seul la différence des âmes.

On éleve durement les enfans dès le berceau, tems où la nature se plie à toutes sortes d'impressions: on les expose nuds à l'ardeur du soleil & aux injures des saisons;

(a) —— *Ingenuas didicisse fideliter artes*
Emollit mores, nec sinit esse feros.
Ovid. ex ponto.
(b) *Udum & molle lutum es, nunc nunc properandus, & acri.*

Fin.

sons; on les plonge souvent dans des bains froids.

Le corps ainsi accoutumé dès la plus tendre enfance, se trouve dans la suite exemt de mille maux, auxquels la délicatesse l'asservit, tandis que des usages contraires pour garantir les enfans de ces incommodités, font qu'ils n'en peuvent plus supporter aucunes dans un âge plus avancé (*b*).

On les tient ainsi jusqu'à l'âge de trois ans qu'on commence à les vêtir légérement & sans ligatures (*c*).

Le corps s'habitue, par nécessité, aux exercices les plus rudes, aux travaux les plus pénibles. La frugalité augmente les for-

Fingendus sine fine rotâ.
Pers. sat. IIIª v. 2.

(*c*) On observe sur la Terre, que dans les pays où il n'y a point de maillot ni de ligatures, les hommes y sont naturellement mieux faits, mieux conformés, & moins sujets à ces difformités, si ordinaires en Europe.

forces, la tempérance les entretient. Préparer d'avance la jeuneſſe à tous les accidens facheux du climat, c'eſt en diminuer l'intenſité, lorſqu'elle vient à les éprouver: c'eſt la préſerver des impreſſions funeſtes que cauſent les élémens ſur les conſtitutions foibles, & les ſauver de mille accidens auxquels le corps eſt ſujet, plus par molleſſe d'éducation que de tempérament. La Nature a conſtruit tous les êtres pour vivre dans le fluide qui les environne, n'eſt-ce pas une ſottiſe de les en retirer par des précautions, dont on peut éviter la néceſſité ? La Médecine, cette ſcience plus raiſonneuſe que concluante, dont les principes ſont vagues, la marche incertaine, la méthode équivoque, cette ſcience plus propre à former des maladies qu'à les guérir, n'a gueres à faire ſur des corps endurcis & accoutumés, de bonne heure, à braver ſes remedes ou à ſavoir s'en paſſer.

A peine les enfans commencent-ils à articuler quelques tons, qu'on ne laisse auprès d'eux que des gens qui parlent purement la langue du pays.

Jusques à l'âge de cinq ans, qu'ils entrent dans les gymnases, ils apprennent seulement à lire & à écrire, & l'éducation domestique consiste à leur inspirer des sentimens de douceur, de modestie, de docilité, de sincérité, & de respect pour leurs peres & meres. L'obéissance est un devoir, le respect un hommage envers les auteurs de notre naissance, dont nous recueillerons, à notre tour, les douceurs. L'un & l'autre sont dans la Nature; les premiers Rois prirent pour modele de leur gouvernement la puissance paternelle: & quoique, selon le langage de l'ingratitude, il semble que nous ne devions rien à ceux qui nous ont donné l'être, qu'ils n'aient été que des agens aveugles dans le sistême du Monde, des instrumens méchaniques dans l'ordre de la Nature, & que notre existence soit un pur effet du ha-

hazard ou du plaisir, que ne devons nous pas cependant à nos peres & meres pour les soins, qu'ils ont pris de notre enfance, de notre éducation; des commodités dont ils se sont privées pour subvenir à nos besoins, de leurs travaux pour nous procurer une situation heureuse, de leur patience à supporter nos défauts? La reconnoissance est un foible tribut pour de tels bienfaits: l'amour & le respect peuvent seuls l'acquitter. On ne sauroit donc imprimer de trop bonne heure ni avec trop de soin, ces sentimens dans le cœur des enfans; ils contribuent au bonheur de toute leur vie. On ne peut être bon citoyen, si l'on n'est d'abord fils tendre & respectueux.

On ne donne point de bamboches aux enfans: on y a substitué des figures de géométrie en relief, capables de piquer leur curiosité, & qui les accoutument machinalement à raisonner, avant l'âge qu'on appelle

de

de raison, qui ne vient ordinairement si tard, que parce qu'on en rallentit le développement par vice d'éducation. Les occuper de babioles, ce seroit prolonger leur enfance, au lieu de hâter en eux l'usage de la raison.

Comme il faut plus d'efforts pour détruire un préjugé, que pour s'en garantir, & qu'il vaut mieux diriger l'habitude que d'attendre la correction des défauts du travail de la raison qui se brise facilement contre l'écueil des passions; loin d'inspirer aux enfans ces frayeurs, ces terreurs paniques de spectres, de phantômes, d'ombres, de lutins &c, qui s'effacent difficilement de l'imagination, parce que l'âme frappée de l'extraordinaire, en retient toujours l'impression dans un âge mur; on ne les en entretient que comme de chimeres, pour leur en faire connoître l'extravagance & l'illusion: on ne les amuse au contraire qu'avec des vérités, on ne

leur

leur parle que raison, leurs jeux renferment des instructions: on les divertit de tours de gypsiere, qu'on leur explique ensuite, pour les détourner de bonne heure des impressions dangereuses, que laissent dans l'esprit, les idées frivoles de prestiges, d'enchantemens &c. Si l'on fixe leur attention sur des choses singulieres, c'est pour leur apprendre que le méchanisme des phénomenes est dans la Nature, & le merveilleux dans la fourberie & le mistere, qu'en font les charlatans. Les enfans deviennent, pour ainsi dire, philosophes à l'âge, où la poupée est ordinairement l'objet de confiance & d'occupation.

On attache de la honte & du mépris aux jeux de mains, divertissemens si vils pour les personnes bien nées, & dont les suites sont quelquefois si funestes.

On éleve les enfans dans l'usage des deux mains, ressource, lorsque, par quelque accident, on est privé des fonctions de de la main droite; affecter d'employer celle-ci par préférence, est un préjugé puéril; il n'y a dans la Nature ni gauche ni droite.

L'opinion des Sélénites étant que l'éducation publique est préférable à l'éducation domestique, celle-ci aiant avancé l'âge de la raison, les enfans entrent, à cinq ans, dans les gymnases publics pour y commencer leurs études : il y en a pareillement pour les filles.

Il y en a de fondés pour toutes les classes de citoyens, où chacun est élevé relativement à sa condition.

Les écoles, qui par-tout ailleurs font des lieux pernicieux pour la santé, par l'air corrompue qu'on y respire, au bout d'une heure qu'on y est enfermé, sont des sales spacieuses, où l'air se renouvelle continuellement.

Il y a, à la tête de ces Lycées, des sages, chargés d'enseigner la jeunesse par leurs difdiscours, leurs écrits & leur exemples. Les savans, les philosophes les plus célebres se font une gloire de contribuer *gratis* à l'instruction publique, regardant comme un indigne trafic de la vertu de mettre la sagesse à l'encan, & de tirer un tribut de leurs lumieres dont l'usage appartient à la patrie.

Excepté la classe des artisans, en qui on travaille principalement à former les mœurs, à étendre jusqu'à un certain point les lumieres naturelles, à leur inspirer de l'attachement & de la fidélité envers le Souverain, de la considération pour les Grands, de la pitié pour les malheureux, de l'amour pour la patrie & du goût pour la profession de leurs peres ; l'éducation est la même pour tous les autres, libres de se choisir un jour un état conforme à leur inclination ou à leurs talens, qu'on aide à développer : mais qu'on ne force pas.

Après les principes de la Religion &

des

des devoirs qu'elle impose d'une maniere si douce envers l'Etat, la société, & soi-même, l'étude de la Morale & de la Logique est la base de toutes les instructions. On juge qu'il faut d'abord apprendre à former ses mœurs, pour être bon citoyen, penser juste, & raisonner solidement, pour s'attirer l'estime & la confiance de ses compatriotes, & parler purement sa langue naturelle, pour jetter de l'aménité & de l'agrément dans les entretiens. Ensuite on apprend à calculer, à mesurer avec exactitude ; immédiatement après vient l'explication de la sphere céleste, & la physique expérimentale qui, en étendant les vues de l'esprit, met des bornes à la curiosité. Enfin les jeunes gens reçoivent une légere teinture de l'histoire, de la géographie & de l'histoire naturelle. Aux heures de récréation on laisse à l'esprit la liberté de se délasser par des subtilités métaphysiques, des démonstrations algébriques,

Tome I.   K   des

des expériences électriques, & l'étude des langues étrangeres. (a).

Au lieu de sacrifier, comme on faisoit auparavant, un tems considérable, le plus précieux de la vie, à apprendre des langues mortes ou des choses que la raison ou un jugement plus formé mettent bientôt dans la nécessité d'oublier, les jeunes gens, par une méthode d'études contraire, se trouvent, à l'âge de dix ans, instruits de tout ce qui peut leur être utile dans le cours de la vie, quelque état qu'ils puissent choisir. On employe ensuite deux années à leur donner une idée des loix, de la politique, du dessein, de la musique & des arts en général.

Deux autres années enfin sont consacrées

aux

─────────────

(a) —— *Ludus animo debet aliquando dari,*
Ad cogitandum melior ut redeat tibi.
Phæd. L. III. fab. 14.
Clarke est plus grand Métaphysicien, que Newton,

aux exercices propres à former le corps, accroître sa force & lui donner de l'agilité, comme la danse, les armes, la gymnastique. Ainsi à quatorze ans, chacun suivant son goût, son penchant ou ses talens, embrasse un état; (car l'oisiveté est regardée comme un vice & un mépris des devoirs de la société) choix presque toujours heureux, lorsqu'il est déterminé par cet instinct naturel, guide plus sûr que la raison même.

Quoique le principal but du gouvernement soit de former d'honnêtes & d'utiles citoyens, on ne néglige cependant pas d'inspirer à la jeunesse l'art de plaire, éloigné de la bassesse & de la flaterie; soin si nécessaire pour relever les charmes de la vie civile. A-

ton, dit un jour un esprit abstrait, cela peut être, répondit froidement un philosophe, c'est comme si vous disiez que l'un joue mieux au ballon que l'autre; piquez une de ces vessies, il n'en sortira que du vent.

A quelques différences près, rélatives à la constitution & aux fonctions propres à chaque sexe en particulier, l'éducation des femmes est la même. On a senti l'abus de l'ignorance dans laquelle on élevoit les filles sur les matieres, dont l'usage & la propriété sont communs à l'humanité. On a éprouvé, qu'en leur communiquant les lumieres dont un faux & misérable préjugé les avoit privées de tout tems, la carriere des sciences & des arts s'est étendue, & que la société y gagne, sans que l'économie domestique, assignée à cette belle moitié du monde, y perde : on pourroit dire qu'elles reçoivent une éducation, qui tient un milieu entre celle des Sultanes & celle des Amazones : aussi vit-on bientôt que, la distinction des sexes ne consistant plus que dans le partage des soins & des travaux en pro-

por-

(a) *Doctrina sed vim promovet insitam,*
  Rectique cultus pectora roborant :

Ut

portion de la force & de la délicatesse, nombre de femmes, qui par une basse jalousie, & une politique ingrate, avoient été exclues des conseils & des académies, où elles présidoient toutefois secretement, y prendroient, comme elles font aujourd'hui, séance à visage découvert & en feroient la gloire & l'ornement.

Une excellente éducation est la source de toutes les vertus, autant que négligée, elle est le germe de tous les vices (*a*): Dans un bon naturel, (& il en est en plus grand nombre que les annales ciniques n'affectent de le publier) elle fructifie heureusement; elle combat du moins les penchans vicieux & en suspend les funestes effets, si elle n'en triomphe pleinement. Les hommes ont tous dans le cœur un principe de justice,

---
Utcunque defecere mores,
Dedecorant bene nata culpæ.
— Horat. L. IV. Od. IV.

ce, qui garantit l'état civil de la plus grande partie des violences auxquelles le genre humain est exposé. Pour se convaincre, que l'homme est moins méchant que malheureux, & que ses inclinations ont presque toujours leur racine dans la bonne ou la mauvaise éducation, (*a*) il suffit de considérer que des Etats entiers sont peuplés de cœurs justes & vertueux; qu'on le devient dans la société des gens de bien; que des soldats dissolus n'ont besoin que de passer dans des corps mieux disciplinés, pour en prendre soudain l'esprit & les maximes; que lorsque les passions sont amorties, le cœur revient bientôt de ses égaremens; qu'il n'y a point de paix réelle pour le vice & que la scélératesse même n'est jamais exempte de remords.

Nous avons reconnu, continua Arzame, l'in-

(*a*) La figure, dit Aristote, est dans le bloc, le sculpteur ne sert qu'à la découvrir.

l'injustice & le danger d'enfermer les jeunes gens dans des maisons de correction ou de force pour des foiblesses d'humanité, occasionnées par de mauvaises fréquentations, ou de pernicieux exemples, presque toujours puisés dans le domestique. Les jeunes gens, susceptibles de toutes sortes d'impressions, ne sont que trop souvent ailleurs victimes des modeles corrompus, qu'ils ont sous les yeux. On met inconsidérément une tache à leur réputation, en punissant avec trop de sévérité leurs écarts, comme des crimes; & cette nature de châtiment ne produit d'ordinaire d'autre effet que de leur ravir dans ces retraites, le peu d'innocence, qu'ils y ont apportée.

Pour faciliter l'avancement & le progrès des études, nous avons trouvé le moyen, non de donner de la mémoire; (car tous les hommes naissent avec une proportion suffisante de cette faculté qui n'a besoin que d'exercice, pour en étendre les propriétés, & d'ordre pour en recueillir les fruits); mais de prévenir son affoiblissement, qui suit d'un usage déréglé des lectures autant que par les occupations d'une vie agitée. On a réduit en principes la maniere de l'entretenir, en plaçant méthodiquement dans le cerveau, ce qui doit naturellement y rester. Les matériaux ne peuvent s'y lier & acquérir quelque solidité, si le jugement & la réflexion ne les y disposent de maniere qu'une étude ne nuise pas à une autre. Il faut pour cet effet renverser l'ordre, qui se voit dans les plantes, & se hâter de recueillir les fruits, avant que de se parer des fleurs.

On s'est encore très-bien trouvé d'accoûtumer les enfans à méditer au lieu d'étudier tout haut; car on a remarqué qu'en prononçant les mots on ne retient gueres que des sons, qu'un torrent d'idées emporte continuellement. Dans le silence, l'attention développe des pensées, qui paroissoient

soient d'abord obscures, & qui, embarrassées de sons, seroient toujours demeurées telles dans l'esprit. On saisit bien mieux ce qu'on lit, que ce qu'on entend lire. La chaîne des raisonnemens n'est point interrompue par des distractions, & il en reste des impressions plus vives & plus durables.

La nécessité de bien savoir sa langue, est d'une grande importance dans toutes les conditions. L'abus d'un terme obscurcit une idée. De l'obscurité des idées naissent mille maux pour le cœur & l'esprit. Combien de guerres cruelles, de procès ruineux, d'animosités particulieres ont dû leur origine à un terme ambigu, à une expression louche différemment interprétée dans les loix, les traités, les contrats & les testamens?

Un des principaux objets de l'éducation est l'instruction de la langue maternelle. Elle est nécessaire dans toutes les circonstances de la vie, tandis que l'usage des langues mortes ou étrangeres (*a*) est très-rare; elle supplée même aux unes & aux autres depuis qu'on a traduit élégamment presque tout ce que les anciens & les nations éclairées ont écrit de meilleur.

Plus attentifs que vous à prévenir les inconvéniens, qui peuvent naître de l'ignorance de la langue maternelle, on éleve, comme je vous l'ai dit, les enfans dès le berceau à la parler purement. Ils apprennent aussi aisément un bon terme qu'un mauvais. A peine sont-ils en état de lier un sens qu'on ne leur souffre point de phrases louches, d'expressions vicieuses; aussi n'entend-on point parmi nous de ces mots vuides de sens, continuellement répétés dans vos conversations, ni de ces termes bas & corrompus dans le discours des personnes bien nées, comme on le remarque,

à

─────────

(*a*) L'on ne doit apprendre de langues étrangeres que celles, qui peuvent être utiles relativ-

à chaque instant, parmi vous.

Vous me surprenez, dis-je à Arzame, avec une sorte de véhémence, les personnes bien élevées parmi nous, parlent purement ; les femmes même sans étude donnent le ton aux Savans & aux beaux Esprits.

Cela se peut, répondit froidement Arzame ; mais votre opinion n'en est pas moins un préjugé. C'est l'effet du peu d'attention, que vous apportez à entendre comme à parler ; de l'habitude distraite d'entendre ce que l'on veut dire au lieu de ce qu'on dit ; enfin de ce que vous vous dispensez d'étudier votre langue que vous croyez posséder, parce qu'on la parle méchaniquement assez bien dans l'enceinte des murs qui vous ont vû naître ; que vous y

avez

vément à l'état, que l'on choisit, c'est-à-dire, celles des Nations avec lesquelles on peut s'instruire, commercer ou entrer en guerre.

avez des académies & une dose raisonnable de vanité; mais détrompez-vous, mon cher, la connoissance des tours, des délicatesses, de la vraie signification des mots de sa propre langue, ne s'acquiert pas par la simple communication, ou par la lecture rapide des romans: mais par une étude profonde, & l'usage, par une continuelle observation sur soi-même. Je vous le répete d'après une longue expérience, & je vous soutiens que dans votre capitale même, à la réserve de la plus saine partie des personnes de la Cour, & des gens de lettres que l'étude a préservés plus que d'autres de la contagion, il n'y a qui que ce soit, dont le stile familier ne soit infecté de termes corrompus, de phrases triviales, d'expressions défectueuses qui dégradent le discours. Prêtez une oreille attentive à la plupart des conversations, & vous conviendrez aisément que, si l'on en retranchoit les mots aussi répétés qu'inutiles à la liai-

liaison du discours, il n'en resteroit presque rien d'essentiel. Observez, je vous prie, que le peuple & les artisans n'entrent ici pour rien. Les fréquens, *dit-il*, ... *dit-elle*, ... qui donnent des nausées; ces chevilles dont les phrases sont farcies sans nécessité *certainement*... *je vous assure*... *à propos*... *enfin*.... *par exemple*... *savez-vous*...? &c; ce terme si impropre & si fatiguant de *Chose*, pour suppléer aux noms que l'abstraction ou la vivacité empêchent de se présenter à la pensée : donnez-moi ce *chose*, je l'ai appris de *chose* &c, terme bas, toujours ridicule, souvent indécent, qui dit tout, si l'on veut; mais qui n'exprime rien.

Je n'attaque point ici ces erreurs d'usage, dont l'examen fait sentir la défectuosité, & dont il ne seroit peut-être pas indifférent que la langue fût purgée, comme d'appeller *amende honorable* une peine infamante, *être de raison* une chose déraisonnable,

ble, un être qui n'existe pas: de dire *lier les mains derriere le dos*, tandis que liées à l'opposite, on ne pourroit pas dire derriere la poitrine, derriere l'estomac; *à cheval sur un chameau, sur une poutre; un cheval ferré d'argent.* Un beau couleur de rose, de feu, de cerise...... *La plûpart des hommes sont inconstans*, lorsqu'à la rigueur on devroit dire, *est inconstante* (a). *Si je vais demain à la campagne, où j'irai, si je puis*; tandis que le *si*, qui est une conjonction dubitative doit déterminer le futur: *il est arrivé un événement*..... *lier, unir, joindre, réunir ensemble*, qui sont des pléonasmes; *il n'y avoit âme qui vive*, comme s'il y avoit des âmes mortes: *Je l'ai vu de mes propres yeux* comme si, physiquement parlant, on pouvoit voir avec les yeux des autres: *un cœur bien placé.... une âme bien née,*

bien-

―――――――――――――――――

(a) En vain prétend-on dans ces cas que le son, plus que les mots, est la principale règle de

bienfaite &c. Enfin un *Cent-suisse*......un *Chevau-leger*,....un *piqueux*...un *Cor*...des *porteux*......des *Lettres Royaux* &c...... Il *vient de chanter*;...il *va parler*.......il *sort de boire*, tous termes de mouvement, employés dans le repos. Les absurdités même que l'usage, tiran des langues, a consacrées, & qui sont employées par les bons auteurs, doivent être reçues & même respectées, malgré les cris de la raison.

Il n'en est pas de même de diverses erreurs de sens, de fautes de construction & de grammaire, dont vos meilleurs auteurs ne sont pas exemts; comme de faire régir le même cas par deux verbes, qui en exigent un différent: *reprendre & remontrer à son disciple*; de donner une même préposition à deux verbes qui en demandent une différente: *Tant en entrant, qu'en sortant de l'académie*.

de construction; foible excuse d'une erreur volontaire.

cadémie; de donner un même adjectif à deux substantifs de genre différent: *sa réponse est dictée, & même son silence*; d'omettre le *que* après la préposition, qui précede un infinitif, *avant de chanter, de parler*, faute presque universelle dans les livres les mieux écrits.

Quant aux poëtes à qui, par préjugé, vous vous croyez, avec Despréaux, redevables de la perfection de votre langue, qu'ils ont au contraire défigurée, & dont le plus correct ne peut souffrir la plus légere analise, sans être pris en faute à chaque instant, vous leur devez de l'indulgence,

(a) *Oui : qui passent pour bien parler, oui.*

L'amour propre blessé s'élevera en vain contre la justesse de ces observations, qui ne regardent ni le peuple ni la basse bourgeoisie, à qui il suffit de se faire entendre; elles tombent directement sur les personnes bien élevées, & de la plus haute condition.

Que seroit-ce si on analisoit la construction des phrases? quel galimathias! quel cahos! il

ce, en faveur du sacrifice, qu'ils ont fait de la raison à la rime, pour vous plaire en cadence, & des entraves dans lesquelles votre oreille a jugé à propos de resserrer leur jugement.

Vous exigez sans doute, ajouta Arzame, en terminant ses observations, que je vous cite la plûpart des mots corrompus, dont mes oreilles ont été souvent blessées dans le stile familier & la conversation des personnes, qui passent pour bien parler (*a*). En voici une ébauche, que vous completterez, quand vous voudrez vous donner la peine d'y faire attention.

*TER*ne faudroit qu'écrire une conversation de quelques gens d'esprit pour les faire rougir. Il n'y a de Pirrhoniens sur cette matiere, que ceux qui n'ont jamais pris la plume; qu'ils essaient d'écrire comme ils parlent, & se lisent ensuite de sens froid, ils seront bientôt détrompés. C'est, après la lecture réfléchie des bons auteurs, l'unique moyen de perfectionner le stile familier.

TERMES

Corrompus.	Rectifiés.
Cacaphonie	Cacophonie.
par mégard	par mégarde.
blanc-seing	blanc-signé.
donner des aires	des arrhes.
il sent ici un mauvais goût	on sent une mauvaise odeur.
un résipel	une éresipele.
à fur & à mesure	au fur & à mesure.
pantomine	pantomime.
monotomie	monotonie.
colidor	corridor.
matéreaux	matériaux.
air rebarbaratif	rebarbatif.
pômons	poulmons.
pomonique	pulmonique.
gaudron, *poix*	goudron.
à pendre & à dépendre	à vendre & à dépendre.
ah! combien je l'hais	je le hais.
entre quatrezieux	quatre yeux.
lettre offensible	offensive.
à l'aveuglette	aveuglettes. *adverbe*
pierre de lierre	pierre de liais.
ortographer	ortographier.

PHILOSOPHE. 235

à midi précise	à midi précis.
ingrédiens,	ingrédians ⎫ se pronon-
mendiens de carême	mandians ⎭ cent ainsi.
Je vous demande excu-se, c'est exiger qu'on vous en fasse.	je vous fais excuse.
coquericot, *fleur*	coquelicot.
esquilencie	squinancie.
chuchotter, chuchotement	chucheter, chuchetement.
donnez-lui ce qu'il a besoin	ce dont il a besoin.
obsecrat,	oxicrat.
ces gens ici, ce lieu ici, cet endroit ici	ces gens-ci, ce lieu ci. Cette erreur est bien fréquente.
broussailles	brossailles.
il brouine	il bruine.
il chaple du pain	il chapele.
il cachte un lettre	il cachete.
écrivez-lui en droiture	à droiture.
travaser une liqueur	transvaser.
enteurtenir, enteurprendre,	entretenir, entreprendre.
conteurdire, mequeurdi &c.	contredire, mercredi.
montez la-haut, descendez-là-bas; pléonasmes fréquens	montez, descendez, allez-là haut, là-bas. al-

aigredon, aigledon	édredon.
s'accôter	s'accouder.
puresle	pleuresle.
nentilles	lentilles.
chaise *de professeur, de prédicateur*	chaire.
émoruides	hémorroïdes.
faire la volte *au jeu*	la vole.
pindaliser	pindariser.
matinal	matineux, *excepté l'épithete de l'Aurore.*
laine de Sigovie	de Ségovie.
cuir de Rousli	de Ruslie.
vin d'Alican	d'Alicante.
prie-Dieu *où l'on s'agenouille*	prier-dieu.
la fête de Dieu	la fête-Dieu.
paragouinte	paragante.
in-mortel, in-mense	immortel, *appuyer sur l'i, & faire sonner la double m.*
un siau d'eau	un seau.
vous trouvairez, nous trouvairons;	vous trouverez, *l'e est muet.*
moriginer *un enfant*,	morigéner.
panégérique	panégyrique.
il est tout stupéfait	stupéfié, *vient de stupéfier.*

PHILOSOPHE. 237

il a été commis un assassin	un assassinat.
chaloureux	chaleureux.
ce bas n'entre point dans ma jambe, ce chapeau dans ma tête	ma jambe n'entre point dans ce bas, ma tête dans ce chapeau.
chaîne de laton	de léton.
de filigramme	de filigrane.
colaphane	colophone, *ou* colophane.
eune fleur, une poire &c.	une fleur, *appuyer sur l'u.*
chimiste, *se dit souvent pour*	alchimiste.
astrologue *pour*	astronome.
academicien *pour*	academiste, *qui monte à cheval.*
au mois de juillet, d'ahoust	de juillet, d'août, *prononcez d'oût.*
cherchez-leu, voyez-leu	cherchez-le, *le dernier e est muet.*
invoquer *les ombres,*	évoquer, évocation.
arboliste, arboriste	herboriste.
allumez les lumieres	donnez des lumieres.
fruitier, *ou l'on serre les fruits.*	fruiterie.
violon de chelle	violoncelle.

Gail.

cailloutage	caillotage.
revenge, se revenger	revenche, se revencher.
gérofle	girofle *est mieux*.
horlogeur	horloger *est mieux*.
ceusses, qui disent; on prononce ainsi au theâtre, mais mal	ceux, comme heureux, sans faire sentir l'x.
naviguer, *termes de l'art.*	naviger, *terme du monde.*
gravas	gravois
métail	métal.
arbalêtre	arbaleste.
pain enchanté	à chanter, à cachetter.
coulevrée	coleuvrée.
chardonnet, *oiseau*	chardonneret.
abasourdi	*mauvais mot François.*
une chambre airée	airée ou aërée.
sarcelle, *oiseau*	cercelle, & *mieux* cercerelle.
vous médites, vous prédites,	vous predisez, médisez.
vous contredites	contredisez.
un tableau mal coloré · coloré vient de couleur	mal colorié, *vient de* coloris.
ploier une étofe, un papier.	plier.
gigier *de volaille*	gésier.

MOTS

PHILOSOPHE. 239

MOTS, dont on confond presque toujours le genre.

Une éclair effrayante	S.M.	Un éclair effrayant.
une orage furieuse	M.	un orage furieux.
une belle eventail	M.	un bel éventail.
une grande incendie	M.	un grand incendie.
Il a l'ouï bon, fin	F.	l'ouïe bonne, fine.
du theriac	F.	de la thériaque.
une auditoire nombreuse	M.	un auditoire nombreux.
de bonnes legumes	M.	bons.
un sentinelle	F.	une sentinelle, en faction.
une grande espace	M.	un grand espace.
les vivres sont cheres	M.	sont chers.
le parois est mouillé	F.	la parois est mouillée.
une belle hymne	M.	un bel hymne.
de la ripopée	M.	du ripopé.
une squelette	M.	un squelette.
de bonne ambre	M.	de bon ambre.
amulette misterieuse	M.	mistérieux.
un bel autruche	F.	une belle autruche.
une belle épisode	M.	un bel épisode.
une longue intervalle	M.	un long intervalle.
un antichambre, antisalle	F.	une antichambre.

aigle, *oiseau* - - M. un gros aigle.
aigle, *armoirie* - - F. aigle Romaine, Impériale.
Evangile, *livre sacré* - M. le Saint Evangile.
Evangile, *leçon* - - F. la premiere, la dern. Evangile.

CHAPITRE VII.

Etat de la Littérature chez les Sélénites.

Sur le principe incontestable que la difficulté n'ajoute rien au mérite d'un bon ouvrage, (si ce n'est dans les compilations, les recherches laborieuses sur l'histoire, l'antiquité, la chronologie &c, où le génie n'a point de part;) les disputes & les guerres animées entre la rime & la raison s'étoient terminées tout naturellement en faveur de la derniere, qui n'écrivoit plus qu'en prose, stile naturel du bon sens. La rime, ainsi que les fiefs & les duels, a dû

son

son origine à la barbarie. Il appartenoit à un siecle éclairé de la bannir de l'empire des Lettres. Les Sélénites ne l'employoient plus, que dans les principes de quelques sciences à l'usage de la jeunesse, pour les lui imprimer dans la mémoire avec plus de facilité.

On regardoit, comme perdue, cette précieuse partie du tems, qu'on dépense vainement à se creuser le cerveau pour rencontrer & accoupler des rimes, dans l'idée de rendre plus brillantes des pensées, qui ne doivent satisfaire que l'esprit, le cœur & la raison, & qui ne conduisent le plus souvent, qu'à en altérer ou travestir le naturel, la justesse, le sens & la vérité. D'ailleurs l'inversion, dans le discours, qui fait en partie le mérite du langage poëtique, sembloit aussi opposée à sa véritable construction, que paroîtroit étrange un édifice, dans lequel les caves seroient placées sous le toît, & les greniers dans les fondations, ou un navire, dont

Tome I.   L   les

les rames feroient posées sur la hune & les voiles au fond de cale. Quel desordre ne doit-il pas naître du renversement des mots, quand on se représente qu'il y a tels vers Latins, ou Italiens de six mots, qui peuvent être rétournés de sept cens vingt manieres?

L'esprit philosophique, qui n'admet que ce qui est marqué au coin de la clarté & de la vérité, avoit porté le coup fatal à la rime, qui n'est qu'un jeu séduisant, un abus de l'esprit, le vers n'étant en soi-même qu'une parure de la pensée, non un art de mieux dire, il n'est pas le langage de la Nature; un paysan s'exprime quelquefois fortement sans étude; avec un travail pénible, un poëte raisonne souvent très-mal; on fait passer de mauvaises choses sous le vernis éclatant de la rime, qui en affoiblit de très-bonnes & ne laisse encore plus souvent dans l'esprit que des mots.

La

La nécessité d'assujetir une pensée vraie & juste à la tirannie de la rime, produisant cet inconvenient, la nécessité de la retourner (a), de la refondre & de la rendre hors de la simplicité & de la vérité qui en constituent le caractere, il en resulte nécessairement, que la versification la plus brillante & la plus exacte est, dans les meilleurs auteurs, remplie d'équivóques, de fautes de langage, de sens & de construction, où l'esprit à la torture, & le génie entravé, n'enfantent que des embryons & des monstres. Une analise bien faite des ouvrages les plus célebres de poësie, avoit démontré cette vérité, détrompé l'oreille & dissipé le charme séducteur de la consonance.

La proscription de la rime avoit d'abord ré-

(a) *Aut qui non verba rebus aptant, sed res extrinsecùs arcessunt, quibus verba conveniant.*
Quintil. L. VIII. C. III.

révolté la vanité de quelques jeunes gens qui se croyoient favorisés par le ciel de ce don supérieur, qu'on appelle entousiasme poëtique, feu divin &c; mais ils reconnurent bientôt l'abus d'un usage nuisible au progrès de la raison, & combien il est plus sensé de nourrir l'esprit de choses, que l'oreille de sons (a). Aussi vit-on bientôt éclore des ouvrages admirables en tout genre dans lesquels la justesse, la netteté, la précision, le nombre & l'énergie charmoient tous les bons esprits. Ainsi au lieu de s'évertuer sottement à mettre Telemaque, l'Avare, Cenie, l'Oracle, la Pupille, en vers, on auroit préféré de traduire en prose la Henriade, l'Art poëtique, Cinna, Athalie, le Misantrope &c. La Fontaine en faveur d'un naturel unique, seroit demeuré seul en possession de la rime.

Ver-

―――――――――――
(a) *Plus sonat quàm valet.* Senec. Ep. 40.

Verſifier le poëme dramatique eſt une manie des plus étranges. En effet n'eſt-il pas bien ſingulier que le poëte ſe donne la torture pour rimer une piéce, tandis que le grand art du comédien dans le récit, conſiſte à faire diſparoître du vers, la rime & la meſure?

Si les premiers livres ont été écrits en vers avant que la proſe fut en uſage, comme quelques-uns le prétendent, ce fut ſans doute en vue d'aider la mémoire dans l'étude des loix, de la philoſophie, de la théologie, de la médecine &c; mais après que les principes des ſciences furent établis, cette méthode devint ſuperflue.

La Poëſie eſt un don que le ciel diſtribue; la verſification eſt un art purement méchanique dans l'arrangement des parties d'une machine, dont l'inventeur eſt le poëte. La diſpoſition des lettres pour en compoſer des mots, & des mots pour lier les phraſes, eſt la tâche du manœuvre, qui ne

con-

construit que sur les desseins de l'Architecte.

La poësie rimée n'est donc qu'un arrangement de paroles & presque toujours un desordre de choses que chaque poëte dispose à sa maniere.

L'un arrange le premier vers qui, par l'habitude d'assembler les mots, vient toujours assez aisément ; il cherche ensuite une pensée, pour y lier ce qui doit le suivre.

L'autre commence par le second vers & se repose sur le hazard de la liaison du premier, ensorte que souvent il ne dit pas ce qu'il voudroit dire, & qu'il dit ce qu'il ne vouloit pas dire.

Un autre morsele ou allonge un sens fini, pour terminer sa période, retranche un mot nécessaire, ou insere une épithete inutile, & parvient ainsi à se rendre obscur, ou à dire en deux vers ce qui pouvoit être exprimé en un seul.

Un prétendu favori d'Apollon possédé

de la Métromanie, uniquement senfible au ronflement, place d'abord une rime riche, qui attend que quelque chofe vienne remplir la mefure: les éphitetes au befoin fe préfentent en foule pour la completter; la plus jufte cede la place à celle, qui s'encadre le mieux, le fens s'y trouve, fi le cas y échoit. Veut-on dire *la cime de ce Roc*, on dit emphatiquement *de ce fourcilleux roc l'inébranlable cime*; & l'imbécille enthoufiafte s'applaudit d'avoir ingénieufement affemblé dans les regles, douze pieds qui ne foutiennent aucun corps. De-là ce nombre prodigieux de difcordances dans les ouvrages des meilleurs poëtes, parce que dans la chaleur de la compofition, ils font fouvent moins occupés des penfées, que des mots, qui fervent à les énoncer.

La Verfification, quoi qu'en difent fes partifans, n'eft à proprement parler, que l'art d'enchaffer les penfées, de faire paffer pour fine une penfée fimple, une commune pour neuve, de piller impunément, sans passer pour plagiaire. Ainsi, avec l'art de tourner un vers, on peut faire aisément mille épigrammes, sans avoir enfanté une pensée (a).

La contrainte de la versification éteint le feu de l'enthousiasme : forcé de rester longtems sur la même pensée & d'y exercer sa patience, le génie s'affaisse & s'assoupit. Si par hazard en cherchant une rime, on trouve une pensée, on renonce souvent à employer une pensée vive, délicate ou sublime, faute de pouvoir l'incruster dans les bornes du vers, ou de la faire sonner par le grelot de la rime.

La poësie rimée l'emporteroit, sans doute, sur la prose poëtique, si elle pouvoit

(a) Pierre Corneille, tout fort versificateur qu'il étoit, cédoit avec peine au goût du public, pour les pieces dramatiques rimées. Je vais, disoit-il, bientôt donner Rodogune; je n'ai plus que les vers à faire. On voit au moins
par-

voit également charmer l'esprit & l'oreille: mais elle lui est inférieure en ce qu'elle ne peut gueres contenter l'une qu'aux dépens de l'autre. Pour goûter la prose, il ne faut que du sentiment. Pour être flatté des vers, il faut de l'habitude. Donc la rime n'est pas naturelle.

Qu'on y réfléchisse de sens froid, & l'on se convaincra, que les vers rimés n'ont pas même l'air sérieux, & que l'habitude seule empêche d'en sentir l'absurdité ou la barbarie.

Dans la prose l'essentiel est le fond des choses; dans le vers, c'est le stile. Il faut donc plus de pensées & d'esprit dans la prose que dans les vers, où la médiocrité se

par-là, qu'il faisoit les vers pour la piéce. Il semble au contraire qu'on fasse aujourd'hui les piéces pour les vers, tant elles sont remplies de maximes sentencieuses, déjà répandues dans les ouvrages de morale & de politique, qui ne coutent à l'auteur, que la peine de les rimer.

se met à couvert sous le vernis de la rime. Le versificateur n'est souvent qu'un Artiste sans esprit, qui cherche moins à plaire qu'à séduire, moins à charmer, qu'à éblouir par de faux brillans qui détournent l'attention de dessus le fond ingrat de l'ouvrage.

L'envie de briller dans une carriere où tout le monde ne sauroit courir, anime les jeunes gens, qui se lassent bientôt à la course & rougissent de s'être tant fatigués, sans avoir rien opéré (*a*). Ecrire en vers c'est consumer bien du tems à composer un ouvrage, qui ne peut plaire universellement, puisque ne pouvant passer chez les étrangers que par la traduction, il perd toujours beaucoup de sa fraîcheur, de sa force & de son coloris, tandis que l'orateur y passe avec toutes ses graces. C'est ain-

---

(*a*) On peut faire le sot partout ailleurs, mais non en la poësie.   Mont.

ainsi, que des Drames de caractere bien faits, sont accueillis de toutes les nations, & que les piéces de critique ou de ridicule, ne plaisent qu'à ceux qui ont les originaux sous les yeux. Les ouvrages du jour, comme les éphémeres, ne durent qu'un jour.

Il est rare que la poësie marche avec la raison, elle sacrifie trop à l'esprit (*b*), elle ne consiste point dans la cadence de sons répétés: une bonne pensée n'en est pas plus piquante, parce qu'elle est rimée, elle n'est souvent que guindée, forcée, ridicule ou obscure. On paroît, sans doute, plus élevé sur des échasses: mais croit-on marcher plus sûrement?

La difficulté vaincue est le mérite apparent de la poësie rimée; les anagrammes,

les

(*a*) *Scribendi recte, sapere est & principium & fons.*

Horat. Art. Poët. v. 309.

les acrostiches, les bouts-rimés ont le même avantage; mais la victoire coûte souvent très-cher, & n'est jamais complette.

La poësie est pour l'âme, la versification pour l'oreille.

Les abus de la poësie sont sans nombre. On l'a vue répandre la superstition sur la terre & placer le crime dans le ciel.

Une épigramme a souvent noirci la renommée de gens irréprochables & coûté la vie ou l'estime publique à des auteurs illustres.

On avoit bien senti le ridicule d'une versification prosaïque, qui est précisément une entreprise manquée: mais on ne blâmoit point sottement, dans la prose, cet arrangement de mots, qui s'appelle vers, lorsqu'il s'y rencontroit naturellement; la meilleure prose est peut-être celle, où il s'en trouve le plus.

On étoit convenu, malgré le préjugé général, que loin qu'on dût aux poëtes la

per-

perfection des langues, ils les avoient au contraire mutilées à force de les disséquer, & qu'on étoit redevable de leurs progrès aux bons auteurs en prose.

La critique étant plus nuisible qu'avantageuse au progrès de la Littérature, lorsqu'elle n'est pas renfermée dans les bornes de la raison & de l'équité, on avoit établi un tribunal du goût, composé de gens sages & éclairés, qui avoient droit de prononcer souverainement sur toutes les disputes littéraires. Les ouvrages y étoient examinés avec soin, avant qu'on en permit l'impression. Il ne suffisoit pas qu'ils ne continssent rien de contraire à la religion, aux mœurs, au gouvernement, il falloit encore qu'ils fussent jugés bons, & qu'ils renfermassent des idées neuves & utiles; autrement ils ne passoient pas. Si la production n'étoit que de pur agrément, écrite d'un stile vif, serré & brillant, le tribunal prononçoit qu'elle étoit *propre à délas-*

lasser l'esprit pour le moment.

Pour prévenir les suites des disputes littéraires, qui dégénerent trop souvent en indécences, & en invectives deshonnorantes pour les gens de lettres, les contendans étoient obligés, avant que d'entrer en lice, d'établir clairement la question qu'on déposoit à l'académie. Cette précaution en étouffoit la plûpart dans leur naissance. On est bientôt d'accord dès que l'on veut s'entendre. Dans les dissertations physiques sur les phénomenes, on étoit pareillement tenu de constater les faits, avant que de les soumettre à la discussion. On s'épargnoit ainsi souvent l'imbécillité de rechercher, comme Démocrite (a), la cause de ce qui n'est point. Procéder différemment c'est composer des re-

_____

(a) On sait qu'il voulut trouver pourquoi des figues, qu'on lui avoit servies sentoient le miel, & qu'il entra en colere contre sa servante, qui

remedes pour des maladies imaginaires, ou inſtituer des loix pour réformer des abus, qui n'exiſtent pas.

On laiſſoit bien à chacun la liberté de donner des définitions des êtres métaphyſiques, ſelon ſon goût ou ſon plaiſir, de même que de ſe creuſer le cerveau, pour en découvrir les ſources & fixer les origines dans l'entendement humain, ſauf à ſe fourvoyer innocemment; ces ſortes d'ouvrages indifférens en eux mêmes ſervoient de récréation. Par exemple, *on avoit donné deux mille définitions de l'eſprit toutes oppoſées & toutes juſtes*. Ainſi de tout ce qui réſide dans l'opinion, les bons eſprits ſe contentoient de jouir & de ſentir, en abandonnant la ſpéculation ſur les matieres, qui ne ſont pas d'une utilité abſolue (comme qui lui dit naïvement, qu'elle les avoit poſées ſur un vaſe dans lequel il y avoit du miel. Il fut outré de ce qu'elle lui ôtoit la ſatisfaction de trouver la cauſe de ce qui n'étoit point.

me le font les mathématiques) à ces malades accablés de loisir, lesquels ignorent l'art de le remplir, & ne peuvent se fixer sur les sujets capables de démonstration.

Le champ étoit cependant ouvert à la critique; mais les petits maîtres en cet art, étoient des objets plus méprisables, que ces êtres indéfinissables qui sément l'ennui & le dégoût dans la société. Quant aux brigands de la littérature, ils étoient traités comme corsaires.

Les journalistes & les critiques de profession, soumis par état à l'autorité du tribunal du goût, étoient obligés d'y soutenir leur censure, & de faire réparation autentique aux auteurs attaqués par les traits iniques de l'envie, de la malignité, ou de la suggestion.

On avoit depuis longtems projetté de diminuer le nombre des journaux, sans
égard

(a) V. Observations sur les écrits modernes
de

égard pour le commerce du papier, de l'encre & de l'imprimerie, pour ménager le tems & les facultés de ceux, que l'épidémie ruinoit à l'achat de ces ouvrages, la plûpart estimables. Pour en arrêter la multiplication, il fut réglé qu'aucun journaliste ne pourroit traiter des matieres, dont un autre étoit chargé. On exigea en outre, que chacun se renfermeroit dans les bornes de ses talens. Ainsi un certain périodiste, hardi champion, qui donnoit sous son nom, une feuille tous les dix jours, fut limité à la simple littérature, avec défense expresse, de toucher en maniere quelconque aux sciences & aux arts, sur lesquels il s'étoit abusivement arrogé le droit de discourir avec la même ineptie que son prédécesseur parloit de la philosophie de Newton (*a*) *non sacra prophanis*. Son ouvra-

de l'abbé des Fontaines Tome XV. p. 49. Vous y verrez avec dégoût, que Newton n'est point phi-

vrage ainſi réduit à la ſixieme partie fut toléré pour le ſervice de la province; mais comme on lui impoſa en même tems de la modération dans ſes écrits, de la fidélité dans ſes citations, de la circonſpection envers les auteurs célebres, de l'impartialité dans ſes jugemens, & qu'on lui interdit les jeux de mots, les ſaillies offenſantes, les

rail-

philoſophe, qu'il n'étoit que géometre, obſervateur & calculateur, … que le Newtonianiſme eſt une mauvaiſe phyſique réprouvée par tous les bons philoſophes de l'Europe. Que les termes de *Vuide*, de *gravitation abſolue*, d'*Attraction*, ſont un miſérable jargon du Péripatétiſme avili & proſcrit dans toutes les Ecoles de l'Europe.

Et même tome p. 76. En analiſant les élémens de la philoſophie de Newton par Mr. de Voltaire, le Journaliſte dit avec la même ſagacité, qu'il ne faut que rappeller ſon eſprit aux grands principes des idées claires, pour avoir un ſouverain mépris pour la phyſique, qui a ébloui Mr. de Voltaire &c. Il trouvoit ſans doute ces idées claires dans les tourbillons;

l'hor-

railleries ameres. Son petit ouvrage, qui avoit déjà aliéné les bons esprits, denué alors de ces ingrédiens, qui l'avoient fait rechercher de la multitude ignorante, paresseuse & maligne, devint si insipide, qu'il dégouta jusques aux cerveaux foibles & tomba naturellement dans l'oubli (*b*).

Un autre journaliste fort estimable à bien

l'horreur de la Nature pour le vuide, lui paroissoit démontrée ; il s'applaudissoit d'être un composé de *Monades* ; il eut sans doute, avec la même justesse d'esprit, dégradé la musique du Devin de village, comparée au célèbre plein-chant de Proserpine ; Eut-il du avoir pour adversaires tout ce qui respire au dessous de trente-ans ?

(*a*) Si les Lecteurs *Moutons* de cet ouvrage périodique veulent avoir une idée juste de son mérite intrinséque, qu'ils lisent seulement *la Revue des feuilles de Mr. F.* des académies d'Angers, de Montauban, de Nancy, & successivement de plusieurs autres, année 1756. & *l'observateur littéraire*, ouvrage périodique sage & judicieux, année 1761. tome I. lettre II. pag. 40.

ils

bien des égards, fut requis de retrancher de sa collection, (car il n'y mettoit du sien que des éloges jusques à la fadeur) les énigmes, les logogriphes, quelques contes insipides, & de resserrer la partie fugitive; mais sur la représentation, qu'il fit que le débit de son ouvrage étoit en raison composée de la variété des matieres & de la bisarrerie du goût de ses Lecteurs, on lui permit, sans tirer à conséquence, d'y inférer ces miseres, aux conditions que, puisque le regne des rondeaux, des ballades, des sonnets, & des triolets étoit passé, il y mettroit, comme ses prédécesseurs, des anagrammes, des proverbes, des bouts-rimés, des acrostiches, & des *Rebus* (a). Deux

Ils s'y convaincront, que pour tirer avantage des jugemens de l'auteur, il faut les prendre à contre-sens; c'est-à-dire, faire emplette des livres qu'il déchire & rejetter la plûpart de ceux, dont il fait l'éloge.

(a) On a appris, depuis ce réglement, que
le

Deux autres journaux d'une contexture trop femblable furent réunis en un feul, & plufieurs furent entièrement fupprimés.

Le tribunal du goût, dépofitaire de la gloire de la Nation, veilloit avec foin à ce qu'il ne parût aucun ouvrage capable de la ternir. Pour obvier d'abord aux inconvéniens de la vanité d'écrire, les jeunes gens, preffés de ce défir, paffoient à l'examen fur toutes fortes de matieres, & on leur prefcrivoit le genre d'ouvrages, auquel on les jugeoit propres. Tel avoit du penchant à écrire l'hiftoire, qu'on reftraignoit à compofer des romans. Un autre à chauffer le brodequin, au lieu du co-

le journal avoit été fagement confié à un critique éclairé & plein d'efprit, auffi éloigné par caractere, de la fadeur, que de l'amertume dans fes jugemens, fait pour donner à cet ouvrage tout le luftre dont il eft fufceptible, & qui fupprimera, fans doute ces colifichets qui le défigurent.

cothurne; l'un étoit aftreint à mettre en profe claire des drames, que la préfomtion lui avoit fait écrire en vers lâches, ampoullés & obfcurs. Un autre projettoit un poëme épique, qui étoit limité au vaudeville, un grand nombre étoit condamné à un filence éternel. Chacun placé dans fa fphere, traitoit ainfi avec fuccès des matieres, qu'il n'auroit pas choifies, tandis qu'il auroit échoué dans celles, où il portoit plus d'inclination, que de talent.

Mais comme dans certains genres, qui avoient été approfondis, & fur lefquels on avoit épuifé tous les calculs poffibles, il ne reftoit plus rien à faire pour l'efprit & l'imagination, on permettoit feulement les extraits faits, avec foin & avec goût, des maximes, des préceptes principaux dans les fciences & dans les arts. C'eft ainfi que des volumes immenfes, dont la plûpart fe répétoient fous des noms différens avoient été refondus

dus dans de très-petits recueils.

On appelloit ces abrégés l'élixir, ou la quintessence des principes & des regles d'une science ou d'un art.

Et comme il est insensé d'avoir de l'esprit, ou de chercher à inventer sur des matieres épuisées, on se bornoit à y être savant des lumieres des autres, & à exercer son esprit & ses talens sur les sujets, qui n'avoient point encore été traités, ou qui n'avoient pas atteint le degré de perfection. Aussi ne vit-on plus les presses gémir sous le poids de tant de pieces poëtiques, d'histoires sur la philosophie, de discours sur la poësie, la mithologie, d'élémens sur les sciences &c.

Comme il est rare que l'athlete, dans la chaleur du combat, soit en état de juger du moment, où ses forces commencent à s'épuiser, le tribunal du goût imposoit silence à un auteur, lorsque l'âge commençoit à énerver son génie, pour le sauver,

mal-

malgré lui, avec toute fa gloire (a).

Par la même raifon on ne permettoit pas l'impreffion des pieces de théâtre qui devoient leur fuccès au feul talent des acteurs.

Les fciences étant devenues trop étendues, eu égard à la multiplicité des découvertes, qu'on avoit faites dans le cours de plufieurs fiecles, & furtout depuis la derniere révolution, on n'exigeoit d'aucun homme la fcience univerfelle, principalement fur l'hiftoire, la phyfique & la chronologie. Un homme de lettres étoit celui, qui, avec une teinture de toutes les connoiffances humaines, étoit profond dans la partie, qu'il cultivoit par préférence, avec un goût fûr & toujours guidé par l'efprit philofophique.

Par

―――――――

(a) ――― ――― *neque femper arcum Tendit Apollo.*
Hor. L. II. Od. X.

Te-

Par le goût de la saine critique, universellement répandu, chacun contribuoit à animer les talens naissans, au lieu de les décourager par une censure trop amere ou par des railleries insipides. Les critiques agréées comme des instructions douces & utiles, dirigeoient les jeunes gens, qui les recevoient avec moins de chagrin que de reconnoissance.

Celui qui entreprenoit d'entrer dans la carriere dramatique, devoit fournir trois piéces, dans un tems limité.

La chûte d'une premiere tragédie, où l'on trouvoit de véritables beautés, attiroit à l'auteur une pension, dont on retranchoit une moitié, si la seconde n'avoit point de succès. Il perdoit l'autre à la troisieme, si elle tomboit; après quoi il lui étoit

———— ———— *tenet insanabile multos Scribendi cacoëthes, & ægro in corde senescit.*

Juv. Sat. VII. v. 51.

étoit défendu de travailler davantage pour le théâtre.

La pension étoit double pour les comédies de caractere en cinq actes, & quadruple pour les opéra; le tout en raison de la difficulté d'y réussir.

Sous la protection de Mecênes éclairés, à l'abri de la critique passionnée, on vit en peu de tems des génies pleins d'une noble ardeur, parvenir à la cime du Parnasse: tel foible à son aurore, qu'une censure amere auroit étouffé; à son midi, éclipsoit tous ses rivaux.

C'est par de semblables moyens, que l'émulation & l'amour de la gloire, qui n'excluent pas l'intérêt personnel, étendirent la carriere des talens; que le goût s'épura & que la Nation se procura des plaisirs, & recueillit des lauriers immortels.

CHA.

CHAPITRE VIII.

Coutumes, Usages, Opinions des Sélénites.

L'ESPRIT philosophique, en étendant la carriere des Sciences & des Arts, avoit opéré dans les mœurs un heureux changement, qui influoit sur tous les états, toutes les conditions & toutes les sociétés.

Le goût de l'agriculture & du commerce trop longtems négligés & même méprisés, avoit saisi tous les esprits. Les honneurs accordés par le Souverain à tous ceux, qui se distingueroient dans ces deux professions qui sont la base de la félicité d'un Empire, & les deux colonnes sur lesquelles pose l'édifice politique, avoient anéanti le fatal préjugé, qui les tenoit asservis dans une honteuse obscurité. Loin d'en rougir, on se glorifioit de contribuer, par des moyens si louables, au bonheur de la Patrie.

L'humanité étoit devenue une vertu naturelle à tous les Grands. Le respect & la soumission aux ordres du Prince, image de l'Intelligence Souveraine sur la terre, étoient si profondément gravés dans tous les cœurs, que la vie des Monarques étoit en sûreté contre les plus funestes accidens. Ils marchoient sans gardes & sans cet appareil qui, dans son origine, montroit moins la grandeur que la défiance de celui qui gouverne. L'amour des sujets pour le pere de la patrie, avoit détruit le germe des guerres civiles.

Les Duels, dont la fureur n'avoit été que rallentie par les plus rigoureux édits, s'éteignirent entierement à l'aide des lumieres de la philosophie; on reconnut généralement qu'un sujet ne doit employer son bras, que pour le service de son Prince & de sa Patrie, & s'en remettre à la

Jus-

Justice du foin de venger les affronts & les torts particuliers.

Ces effrayans Tribunaux établis, dans leur origine, pour conferver la pureté des mœurs & du culte religieux, & non pour tirannifer la penfée, la raifon & l'humanité, devenus purement politiques, s'étoient fagement reftraints à ne punir que le fcandale, fuivant l'efprit de leur premiere inftitution.

Le pouvoir chimérique des *Interdits* jettés fur les Etats des Souverains qui ne tiennent leur puiffance temporelle que de l'Etre-Suprême; ce droit odieux & tirannique, qui foutenu par la fuperftition, avoit ébranlé les Monarchies, & caufé l'effufion de fleuves de fang, n'étoit plus regardé, qu'avec horreur & mépris, par des fujets irrévocablement liés à leur Prince par le ferment de fidélité, & attachés à leur pere commun par un fentiment d'amour & de reconnoiffance.

Les jeunes gens ne se faisoient plus un trophée d'attaquer & de maltraiter ceux, que le Ministere établit pour leur propre défense & la sûreté publique.

L'Esprit philosophique avoit nécessairement rendu la Nation plus sérieuse: mais sans qu'elle eût perdu cette aimable gaieté qui n'a rien d'incompatible avec la raison. C'est ainsi qu'on avoit abandonné tout-naturellement les rendez-vous dans les académies de jeu, dans les tavernes; qu'on avoit banni de la table les chansons dissolues, de la conversation les équivoques, les pointes, les jeux de mots, les fades complimens, & de la poësie, le burlesque.

On reconnoissoit par tout l'Empire, la vigilance & l'attention du Gouvernement pour procurer au peuple la sûreté, la commodité, l'aisance & le libre exercice de l'industrie.

Tous les grands chemins étoient bordés d'un double rang d'arbres utiles, & les cô-

côtes de la mer plantées de bois, propres à la construction des vaisseaux & des édifices.

On avoit augmenté considérablement le commerce & l'abondance, qu'il procure dans toutes les parties d'un Etat, en multipliant les canaux de communication avec les grands fleuves, & les grands chemins ferrés, solidement construits, & entretenus avec soin. A chaque mille, on trouvoit une piramide de forme quadrangulaire, dont chaque angle répondoit à un des quatre vents cardinaux, avec des inscriptions gravées sur l'airain, qui indiquoient les routes & qui marquoient exactement les distances d'un lieu à un autre & leurs correspondances avec les Capitales, de dix milles en dix milles. Il y avoit, sur la cime de la piramide, une horloge, qui ne se montoit que deux fois l'année; & l'on trouvoit des ponts de pierre, par tout où la nécessité le demandoit.

Pour entretenir une correspondance exacte

acte & faciliter les voyages dans toute l'étendue du Royaume, on avoit établi, aux frais de l'Etat, fur toutes les grandes routes, des voitures commodes & diligentes, qui fervoient d'abord au tranfport des dépêches, & où chacun pouvoit prendre place, & fe rendre, pour une fomme affez modique, aux extrémités de l'Empire, & à proportion, pour les lieux moins éloignés.

Les foins du Gouvernement avoient, pendant longtems, pourvu à tous les befoins des voyageurs: mais les loix de l'hofpitalité, dont les archives ne fe trouvent que dans les cœurs, & que la bienfaifance avoit remifes en ufage, avoient détruit naturellement ces réfuges mercénaires, établis par l'intérêt; dans les villes on fe difputoit, à l'envi, le bonheur de traiter fes hôtes. Les Grands & les perfonnes aifées avoient fondé des hofpices, ouverts gratuitement dans les lieux écartés où déferts,

ferts, que la Nature n'avoit pas favorisés d'un sol propre à y fixer des habitans.

Le plus grand avantage qu'eut procuré l'art de l'hydraulique, que les Sélénites possédoient à un degré supérieur, c'est que toutes les campagnes étoient coupées de canaux plus élevés, que les terreins cultivés & soutenus par des digues. Ces canaux communiquoient avec les rivieres, qui les tenoient remplis d'eau, qu'on distribuoit aux terres, suivant leur besoin. Par ce moyen les pâturages étoient toujours abondans & l'on n'éprouvoit jamais de disette, causée par la sécheresse.

Pour encourager les talens & les vertus utiles au bien de l'Etat, on élevoit des statues, des colonnes, des piramides à tous ceux qui se distinguoient dans le militaire, les grands emplois, les charges publiques; mais on se contentoit d'honorer la mémoire des hommes de bien à leur mort par des éloges funebres, pour l'instruction des autres. Des monumens réservés pour la gloire & les actions d'éclat, & pour exciter l'émulation à contribuer au bien public eussent été déplacés en faveur de simples vertus civiles, qu'on honore en silence & qui ne causent d'admiration que dans un siècle corrompu. Ce seroit louer un homme de ce qu'il n'auroit pas commis de crimes. La plus grande preuve de dépravation des mœurs, est lorsqu'on décore du nom de vertu, ce qui n'est que l'accomplissement de ses devoirs.

Dans les Généraux & les Ministres, on excusoit l'incapacité ou le défaut d'expérience, & loin de les punir sévérement, on regardoit leurs fautes, comme des leçons instructives pour l'avenir.

Un chef-d'œuvre dans les Arts, une découverte utile dans les Sciences ne demeuroient jamais sans récompense ; on l'accompagnoit souvent de couronnes & autres distinctions glorieuses, plus flatteuses pour
les

les génies supérieurs, que les récompenses mêmes.

Mais les auteurs de satires & de libelles diffamatoires étoient deshonorés, & rigoureusement punis comme assassins & empoisonneurs, d'autant plus dangereux, que leur profession est plus enveloppée de ténebres.

Il y avoit des prix fondés dans les académies pour la poësie, la physique & l'éloquence; parce qu'il faut à l'homme de ces nobles délassemens, qui dans les âmes bien-faites produisent toujours quelques biens publics. Mais les plus considérables étoient destinés pour les recherches, & les découvertes utiles au bien de l'Etat, c'est-à-dire, pour le cultivateur, qui faisoit la plus abondante récolte, pour l'artisan, qui portoit le plus loin l'industrie, pour l'artiste, qui inventoit la machine la plus simple, pour l'entrepreneur d'une manufacture, pour l'auteur d'une nouvelle branche de commerce; & les arts méchaniques étoient considérés à l'égal des arts libéraux, parce qu'on estimoit autant, sinon plus, les hommes occupés à nous rendre heureux, que ceux qui travaillent à nous faire croire que nous le sommes.

Un usage qui mériteroit bien d'être suivi par tous les peuples sensés, c'est qu'on envoyoit, tous les dix ans, voyager dans les pays étrangers, un nombre choisi de sujets, pour y recueillir tout ce qu'il pouvoit y avoir de bon & d'utile à l'Etat & au bonheur public. Ces hommes devoient avoir cinquante ans accomplis, l'esprit juste & orné de connoissances, principalement des loix de leur pays. Avec de bons yeux, on voit toujours dans les voyages, des choses que d'autres n'ont point vues, ou qu'ils ont mal vues; ce qui revient au même.

Ces abeilles philosophes, qui se laissoient, pour ainsi dire, dans leur pays,

&

& ne portoient dehors que leur intelligence (*a*), revenoient toujours chargées d'un butin précieux d'idées & de découvertes utiles & propres à guerir l'esprit de cette foule de préjugés nationnaux, que l'usage, à la honte de la raison, consacre & perpétue, d'autant plus que l'habitude ne permêt gueres de les appercevoir.

Un usage, peut-être encore plus important, eu égard aux conséquences, qui peuvent en résulter, c'est que le Prince régnant pour captiver davantage l'affection & l'attachement de son peuple, s'étoit fait une loi de ne prendre une épouse, que parmi ses propres sujets. La beauté, jointe au mérite & à la vertu, tenoit, selon lui, lieu de naissance, pour parvenir au trône, qui illustre tout ce qui en approche. Cette politique pare aux inconvéniens,

(*a*) ———— ———— *Mens sine pondere ludit.*
Petron. Satir. C. 124.

‥‥, qui naissent des alliances étrangères, en exposant les peuples à passer un jour, par hérédité, sous une domination ennemie, ou à entreprendre des guerres dans lesquelles l'Etat n'auroit point de part, si l'on ne jugeoit l'honneur d'une Nation, engagé à embrasser la querelle d'un Prince, auquel on est uni par les liens imaginaires du sang : liens souvent funestes, toujours réclamés & rompus avec la même facilité par l'intérêt particulier.

Les vues de tous les Princes, étant tournées sur le commerce & la population, on avoit, comme je l'ai dit, multiplié chez les Sélénites les canaux & les grands chemins qui facilitent le transport des marchandises & des denrées; celles-ci étoient sujettes à de légers impôts, qui n'excitoient pas à la fraude; celles de première nécessité en étoient exemtes; les objets du luxe étoient seuls surchargés, & l'industrie, en pleine liberté, obtenoit des exemptions,

mais

mais jamais de priviléges exclusifs.

L'exportation étoit exemte de tous droits; ils étoient assez forts sur l'importation: mais ils ne se payoient qu'à l'entrée du Royaume. La multiplicité des bureaux d'une province à une autre, est odieuse & injuste envers des sujets, qui obéissent au même Souverain. Elle est une obstruction à la circulation du commerce intérieur, dont la liberté procure l'abondance dans toutes les parties de l'Etat.

Le crédit étant l'âme du commerce, le mobile des fortunes & des ressources de l'Etat, les loix avoient sagement pourvu à tout ce qui pouvoit entretenir la confiance & assurer le sort des créanciers. On punissoit sévérement les usuriers; mais on ne traitoit point d'usure, on regardoit au contraire, comme une porte ouverte à l'industrie, tout contract dans lequel le sort de l'emprunteur est meilleur que celui du prêteur.

On

On avoit tant de fois tenté inutilement de favoriser la population par des exemptions, attachées à ceux qui donneroient un grand nombre de citoyens à l'Etat, qu'on se détermina à les supprimer totalement; mais par des protections singulieres & des secours effectifs, accordés à l'agriculture, on avoit excité naturellement les laboureurs, à regarder le grand nombre d'enfans comme un bien réel & nécessaire à la cultivation. Il y avoit seulement des privileges attachés à l'état des meres, qui allaitoient leurs enfans.

On n'avoit négligé aucun des moyens, qui peuvent accroître la population. Entre autres, il y avoit un jour indiqué, dans l'année, pour les mariages, auquel tous les jeunes gens à marier, des deux sexes, s'assembloient en un certain lieu destiné à cette cérémonie. Les garçons donnoient un état de leurs biens, puis on les divisoit en trois classes, les riches, ceux d'ud'une fortune médiocre, & les pauvres. On faisoit pareillement trois classes des filles, les belles, les passables & les laides. On donnoit les belles aux riches, qui payoient une certaine somme, pour les avoir; les moins belles étoient pour les moins riches, qui ne donnoient rien, & les laides pour les pauvres, auxquels on distribuoit les sommes, payées par les riches. Cet usage procuroit un grand nombre de mariages, qui n'auroient pas eu lieu ; mais comme les pauvres sont toujours en plus grande quantité que les riches, le Gouvernement suppléoit de diverses manieres à l'établissement de ceux qui restoient, faute de moyens pour subsister. (*a*).

1°. Quand les événemens exigeoient des réjouissances publiques, comme les alliances des Princes, le rétablissement de

---

(*a*) Cet usage subsiste, dit-on, chez les Chinois.

de leur santé, au lieu de ces fêtes momentanées, qui jettent dans des dépenses excessives, & dont la mémoire s'évanouit avec le plaisir qu'elles ont donné, on convertissoit ces dépenses, en établissemens de jeunes gens pauvres, dont on célébroit les mariages avec une sorte de pompe, qui tenoit lieu de divertissemens d'autant plus agréables, que le bien-être du peuple en étoit l'objet, & le bien de l'Etat, le fruit. Les Grands & les riches particuliers imitoient, à l'envi, l'exemple de la Cour ; mais la prise d'une place importante, une victoire complette, achetées au prix du sang de fideles citoyens, funestes effets d'une malheureuse nécessité, n'occasionnoient jamais de ces douloureuses réjouissances, indécemment mêlées de ris & de larmes ; elles étoient remises jusqu'à la paix, tems auquel tous les cœurs pouvoient prendre part à l'allégresse publique.

2°. Pour favoriser les mariages & la populapulation, qui (par des raisons, que la bienséance ne permêt pas de dévoiler) n'en est pas toujours une suite, l'Etat se chargeoit du sort & de l'éducation des enfans qui excédoient le nombre de ceux, que les particuliers avoient le moyen d'élever & de nourrir, & les faisoit adopter par les gens aisés, qui manquoient de postérité.

3°. Enfin on employoit à de pareils établissemens, les sommes excessives, que le faste & la vanité sacrifioient auparavant à la pompe des funérailles, au moyen d'une taxe proportionée à l'état des personnes, qui mouroient. On se contentoit modestement de brûler les morts, & de rendre ainsi à la terre les corps, avec la même simplicité qu'elle les avoit produits; & le Gouvernement, qui jusques-là étoit chargé des obseques des hommes célebres, morts sans fortune, ne s'occupoit plus, que de l'établissement de leurs enfans.

Ces divers moyens de favoriser les mariariages, joints à l'intérêt de la population, avoient inspiré tant d'aversion pour le célibat, ce gouffre où, dans certains pays, s'enseveliffent les races futures aux dépens de la prospérité des Etats, que ceux qui mouroient célibataires, à un certain âge, étoient tachés, & mariés folemnellement après leur mort, en réparation de l'outrage, qu'ils avoient fait à la Nature & à la société, pendant leur vie (a).

Pour prévenir les funeftes effets, que produifent, dans l'union conjugale, le dégoût, l'inconftance, la prétendue incompatibilité des humeurs, & pour fauver l'indécence du divorce, on n'avoit point trou-

(a) Licurgue nota d'infamie les célibataires. Il y avoit même une folemnité particuliere à Lacédémone, où les femmes les conduifoient tous nuds, aux pieds des autels, & leur faifoient faire, à la Nature, une amande honorable, qu'elles accompagnoient d'une correction très-févere.

trouvé de moyen plus assuré que de l'autoriser (*b*). L'homme né pour la liberté, persiste constamment dans un état, où il n'est point contraint de rester; la faculté de rompre un engagement, suffit souvent pour en détourner le désir même: les douceurs de l'amitié, naturelle entre les deux sexes, balancent les peines qui en sont inséparables, & portent à des égards respectifs, qui préviennent la discorde & maintiennent l'union. Cette loi, qui causa quelque desordre, au moment de son institution, fut reconnue si sage depuis, qu'il n'y eut point d'exemple, que personne en eut réclamé le privilege (*c*).

Bien

(*b*) *Sic visum Veneri: cui placet impares*
Formas, atque animos sub juga ahenea
Sævo mittere cum joco.
    Horat. L. I. Od. XXXIII.

(*c*) L'impuissance & l'adultere peuvent être aujourd'hui les seules causes du divorce. Il est bien ridicule, dit Milton à ce sujet, qu'on ait

plus

Bien d'autres moyens accessoires avoient encore contribué indirectement à la population.

Entre autres réglemens, les rentes viageres entre particuliers, étoient défendues sous des peines très-graves, dont la moindre étoit d'être privé du revenu, au profit du fisc. Cette étrange maniere de placer ses fonds est nuisible au commerce, à la culture des terres, à la circulation; propre à accroitre la cupidité, entretenir la fainéantise, assoupir l'industrie &, à la longue, à détruire la population. L'Etat ne faisoit, qu'à regret, usage de ces funestes ressources. Dans des besoins extrêmes, il n'étoit permis de placer ainsi son bien, qu'à ceux, qui dépourvus de talens ou de santé, n'avoient pas suffisamment de quoi vivre selon leur état, ou qui, sans postéri-

plus d'égards à ce qu'il y a de plus sensuel & de plus grossier dans le mariage, qu'à l'incompatibi-

rité directe, voulant se procurer plus d'aisance, n'avoient aucun parent dans l'indigence; & comme ne vivre que pour soi, est un sentiment dénaturé qui, du Prince au dernier de ses sujets, anéantiroit bientôt tout sistême d'harmonie dans l'Etat, on ne pouvoit, qu'en qualité d'usufruitier, engager son patrimoine, qui de droit appartient à ceux, qui nous survivent. Par ce sage réglement on ne vit plus, comme auparavant, à la honte de tout sentiment humain, des peres, chargés de famille, qui avoient vécu dans le faste, laisser à leurs enfans pour tout héritage, des contrats sans revenus, & des meubles souvent absorbés par les dettes.

Le droit d'aînesse n'avoit lieu qu'à l'égard du Souverain, parce que le bonheur & la sûreté, qui dépendent de la puissance

bilité des humeurs & des esprits, d'où naissent tant de desordres.

ce du Prince, auroient exposé les sujets, à éprouver les horreurs des guerres civiles, par la division des Domaines Royaux. Il avoit été sagement aboli, entre les sujets, comme une prérogative injuste, opposée au droit de la Nature, qui ne deshérite personne ; parce qu'il est une source de jalousies, de murmures ; que contraire à la population, il nuit à l'établissement de plusieurs, par l'élévation d'un seul, au préjudice des autres ; & qu'il contraint ceux, à qui la naissance donne un droit égal à la succession paternelle, de rester membres inutiles au soutien de la République.

Par une suite de ce principe, il étoit défendu de tester au préjudice des lignes descendantes & ascendantes au premier degré ; sauf à user du droit de substitution, acte de prudence, dans le cas, où la mauvaise conduite de l'héritier, est reconnue ; mais injuste & tirannique, lorsqu'il s'étend aux générations, qui n'existent pas encore.

On

On pouvoit seulement laisser des alimens à ceux, qui ont consumé leur jeunesse au service de quelqu'un, & faire quelques legs modiques, en forme de marques d'amitié ou de reconnoissance, sur ses acquisitions ou ses épargnes; mais les biens patrimoniaux passoient, de droit, à ceux à qui ils devoient appartenir, par ordre de succession. Les legs ne sont pas toujours le prix du service; ils sont souvent la récompense d'une lâche servitude, & presque toujours des monumens de vanité, & des marques honteuses de la foiblesse du testateur.

En tems de guerre le commerce étoit libre entre les Nations belligérantes. On se contentoit, suivant les regles étroites du malheureux droit de la guerre, de ne la faire qu'aux soldats. On ne touchoit point aux équipages. Dans les sieges on n'attaquoit que les fortifications. Le ravage des terres & l'incendie des édifices étoient en horreur. C'étoit rendre un mal, jugé nécessaire, le moins funeste qu'il fut possible. Si les guerres duroient plus longtems, parce que les ressources pour les soutenir étoient plus grandes, elles étoient aussi moins ruineuses & moins désastreuses pour les peuples. Mais la coutume sagement établie entre les Princes de commencer par où l'on finit ailleurs, de faire précéder les congrès aux hostilités, prévenoit bien des guerres, & rendoit moins fréquentes, celles qui étoient inévitables.

Les Princes se respectoient dans les déclarations de guerre. Les Manifestes, toujours succints, contenoient simplement l'exposition des droits, les griefs & les motifs de prendre les armes, sur lesquels, sans se répandre en reproches & en injures, peu dignes de la Majesté, les Souverains réclamoient, sur la justice de leur cause, la protection de l'Etre Suprême.

L'affreuse maxime de certaines Nations
po-

policées, qui admettent le droit des gens, de mettre à prix la tête d'un ennemi, révolte l'humanité. Elle est seulement tolérable envers un sujet rebelle, ou un traître à sa patrie, monstres déjà condamnés par les loix, & dont la raison & l'intérêt de la sûreté publique permettent de se délivrer par les moyens les plus violens.

Les Annalistes, les Journalistes, sagement contenus dans les limites du respect, qu'on doit à tous les Souverains, ne s'émancipoient pas, en tems de guerre, contre leur personne sacrée, par des traits indécens, des imputations odieuses & des calomnies atroces (a) qui, dans un tems plus calme, traînent après eux la honte & le repentir. Les injures n'ajoutent rien au droit, les invectives le dégradent. Le soldat,

---

(a) Entre particuliers, le calomniateur étoit condamné au même supplice qu'auroit subi l'accusé, si le crime s'étoit trouvé véritable.

dat, animé du seul amour de la patrie & de la défense de son Maître, n'étoit point excité à une fureur brutale & forcenée: mais seulement à soutenir, par sa valeur, la justice de la cause commune: motif plus puissant, que la vengeance, pour opérer des actions glorieuses contre des Nations ennemies pour un instant, dont on recherchera l'amitié, dès que les droits respectifs seront éclaircis, & qu'on sera forcé de respecter à la paix. Fasse le Ciel que ces sages principes des Sélénités embrasent un jour le cœur de tous les Peuples de la Terre!

Pour accoutumer le peuple, à ne donner aux bruits publics, qu'un certain degré de croyance, on distribuoit à la fin de chaque année, une gazette de toutes les fausses nouvelles qui s'étoient répandues dans cet espace de tems.

Un principe de justice & d'équité avoit donné lieu à l'établissement de la Taille réel-

réelle qui, en tems de paix, formoit la plus grande partie des revenus publics. Tout possesseur de biens-fonds y étoit soumis, sans qu'aucun privilege pût l'en exempter; l'industrie seule étoit respectée, d'autant plus justement qu'elle en augmente le produit par contre-coup. En tems de guerre le cinquantieme, le vingtieme, le dixieme étoient imposés sur le produit net des biens-fonds, selon les besoins de l'Etat. La perception de ces impositions, se faisoit avec la plus grande économie. Elles sont les plus équitables, les plus justes, & les moins sujettes à contrainte, lorsque le propriétaire a le choix de payer en especes ou en nature. Une répartition proportionnée ne foule personne, & n'excite point de murmures: le vrai citoyen ne doit s'estimer plus heureux qu'un autre, qu'autant qu'il peut contribuer plus que lui, aux nécessités de l'Etat.

Lorsque les besoins augmentoient, on for-

formoit des Lotteries, où la volonté libre concourt en vue de son propre intérêt. Enfin dans les nécessités urgentes, l'emprunt, en rentes viagéres, étoit la derniére ressource, parce que, quoiqu'elles soient la charge la moins onéreuse pour l'Etat, elles sont ruineuses pour les familles. Mais le monopole odieux sur la diminution ou l'augmentation des espéces monnoyées, qui avoit tenu pendant si longtems les fortunes chancelantes, & porté des coups mortels au commerce, avoit été heureusement proscrit, & abandonné pour toujours.

L'établissement d'un poids, d'une mesure & d'une coutume uniformes, qui, pendant plusieurs siécles, avoit été traversé par mille obstacles, passa enfin, lorsqu'après avoir combiné les inconvéniens avec les avantages, on sentit la nécessité de sacrifier l'intérêt particulier au bien général.

Les métaux monnoyés n'étant que le

signe des richesses, ils n'avoient plus de valeur numéraire ou idéale. On payoit, on recevoit au poids, ce qui établissoit, dans les échanges, une valeur réelle, qui suit naturellement celle des denrées, puisque l'abondance de certaines denrées, relativement à la disette d'autres, faisoit exiger un poids plus fort de matieres, dans un tems que dans un autre; les especes par conséquent n'avoient point de prix arbitraire; mais seulement une empreinte, qui désignoit leur poids. Les richesses représentatives d'un Etat ne peuvent augmenter ou diminuer, que par l'abondance ou la rareté des denrées. Un Prince n'est plus riche qu'en idée avec cent millions de revenu à cinquante livres le marc, qu'avec deux millions à vingt sols. Si cette maniere d'évaluer les métaux avoit été établie de tout tems, on seroit éclairé sur bien des points de l'histoire, obscurcis par des calculs, dont on n'a point de rapports; on trouveroit, sans

dou-

doute, une parité entre les sommes modiques, avec lesquelles on entretenoit des armées innombrables, & les dépenses énormes, qu'on fait de nos jours, pour en lever de petites; & l'économie politique, qui s'occupe toujours à rechercher, dans le passé, les causes du vice d'un gouvernement présent, se dégageroit de bien des chimeres, appuyées sur des comparaisons fautives.

On n'étoit point sottement prevenu contre ce qu'on appelle ailleurs gens-à-projets.

Projets.

Tout esprit borné se figure, que tout est à sa perfection, les sciences, les arts, la langue &c; (le degré d'excellence ne se trouve cependant que dans les ouvrages de la Nature). Cette opinion répand une espece de mépris sur les esprits sistématiques. (*a*)

Le

_____

(*a*) Il est important de distinguer l'esprit sistématique de l'esprit de sistême.

Le philosophe voit par-tout plus de choses à faire, qu'il n'y en a de faites. S'il est à la tête du gouvernement, il accueille avec bonté tous les projets qu'on lui présente, & fait son profit de tout ce qu'ils ont de bon, relativement aux circonstances, dans lesquelles il se trouve ou peut se trouver. Tel projet a causé la splendeur d'un Etat, ou l'a sauvé de sa ruine, qui étoit si simple, qu'on ne concevoit pas, comment il n'avoit pas saisi, en même tems, toutes les têtes, capables de penser. Le motif, qui les enfante, est, à la vérité, souvent l'effet du hazard, quelquefois d'un songe, ordinairement un effort de l'indigence, rarement celui de la gloire, toujours celui de l'intérêt particulier, qui reflue sur le général, par ce qu'il y a moins d'âmes généreuses que de mercenaires; mais quelle que soit la source d'une bonne action, elle est toujours estimable, lorsque l'Etat & l'humanité y trouvent leurs avantages.

Dans la persuasion, qu'il n'y a gueres de projets, quelques singuliers, quelques sujets à inconvéniens, qu'ils paroissent (a), qui ne renferment quelques principes d'utilité, on les recevoit généralement avec bonté.

» Un sot, quelquefois, ouvre un avis important. Leurs auteurs étoient admis à les défendre contre les objections; l'inventeur d'un projet agréé étoit toujours recompensé en proportion de l'utilité, qu'il procuroit. On accordoit même de légeres ré-

ou-

(a) Un homme, qui étoit malade à l'hôpital de Madrid, proposa au Roi d'Espagne de faire convertir le carême en un jeûne obligatoire, au pain & à l'eau, un jour de chaque semaine, auquel tous ses sujets seroient soumis depuis l'âge de 14. ans jusqu'à 60. & que toute la dépense, qui auroit été faite ce jour-là, fut évaluée en argent, ce qui en réglant la taxe sur les conditions, ne pouvant monter à moins d'un demi Real par tête, l'une portant l'autre, ou cinq sols de France, seroit sur trois millions de personnes

connoissances aux auteurs de projets, qui, bons dans leurs essence, mais informes ou peu susceptibles d'exécution pour le tems, présentoient des objets d'utilité dans des circonstances à venir.

On couronnoit ainsi le merite de l'invention, qui n'est pas toujours le partage des grands hommes à la tête des affaires, en qui la sagesse, la prudence & l'amour du bien public, sont des qualités préférables au génie créateur. Combien de grands Princes,

sonnes 750,000 Reaux par semaine, à lever sans frais par les paroisses, & que le produit en seroit employé au soulagement des pauvres & à l'entretien des hopitaux de malades & d'invalides.

Ce jeûne, offert au ciel, eut été salutaire pour la santé de l'ame & du corps, par le bon effet de la diéte, auroit produit une somme considérable destinée à des objets utiles, & levée d'une maniere presque imperceptible : mais on sait si peu goûter les bonnes choses, que la proposition ne parut que ridicule & ne fit qu'exciter des risées.

de Ministres renommés, doués uniquement d'un jugement sain, d'un tact exquis, ont joui de la réputation la plus éclatante, sans avoir jamais rien imaginé ?

Les bureaux des Ministres sont remplis de projets présentés dans tous les tems, qui, couverts de poussiere, languissent, ainsi que la mémoire de leurs auteurs, dans un honteux oubli. Quelle pépiniere ne seroit-ce pas pour un homme d'Etat, zélé citoyen, qui sacrifieroit, chaque jour, un instant pour en faire la revue ?

(*a*) Les plus grands évenémens dans le sistême politique, les plus célebres découvertes dans la physique, la méchanique &c, sont dus, la plûpart, au hazard, ou (ce qui doit bien humilier l'esprit humain) n'ont eu pour causes, que les plus petits objets, devenus grands par la méditation & l'esprit philosophique.

Galilée & tous les philosophes, avant lui, attribuoient l'ascension de l'eau dans les pompes, à l'horreur imaginaire de la Nature pour le vuide. Sur l'observation, que lui firent des ma-

Quelle ample moisson ne seroit-il pas à portée de faire pour la réforme des abus, pour la gloire de son Souverain & la prospérité de l'Etat ?

Quand on se rappelle qu'on doit à d'heureux hazards les plus sublimes découvertes, & aux observations de génies éloignés des affaires, ou morts dans l'obscurité, les avantages qu'on en a retirés, peut-on négliger aucuns projets utiles, de quelque main qu'ils soient offerts (a).

Les sages mesures prises par le gouverne-

---

noeuvres, dans les jardins de Florence, que l'eau s'arrêtoit à trente deux pieds de hauteur, il rechercha la cause de ce phénomene, & découvrit la pesanteur de l'air, qu'il ne soupçonnoit pas. Il apprit qu'une colonne d'air est d'un poids égal à l'eau, qui s'eleve dans un tube de diametre quelconque. Pascal ensuite par ses expériences au puits de Domme, & Torricelli, en démontrerent la vérité. Quelle foule de découvertes ce principe ne produisit-il pas ?

bement, pour accoutumer, sans violence, le mendiant au travail, les secours accordés

Une poire, tombée d'un arbre, arrache Newton à ses rêveries. Il médite sur la cause de cette chûte en une ligne perpendiculaire au centre de la terre; il juge que tout corps abandonné à lui-même, peut être aussi bien attiré, que poussé vers la terre. Mille calculs sublimes confirment son opinion, il en tire des conséquences, qui deviennent pour lui des matériaux avec lesquels il fabrique son sublime, je dirois volontiers le vrai sistême de l'Univers; la Nature surprise devient sa confidente; il apperçoit la figure de la terre sans la mesurer; la cause de la gravitation n'est plus un mistere, celle du flux & reflux se développe, il connoît la figure des astres, leur densité, leur distance, leur force respective; il calcule le retour des cometes presque aussi facilement, que les éclipses; en levant une partie du voile, dont la Nature se couvre, il encourage la postérité à l'arracher tout entier.

Les propriétés de l'aimant n'offrent, pendant bien des siecles, que des sujets d'amusement; un Genie en compose la boussole. On traverse aussitôt, avec cet instrument, les mers avec

dés au cultivateur, la honte & le mépris attachés à la fainéantise avoient prévenu le nom-

avec plus de hardiesse & de sécurité, qu'on ne cotoyoit auparavant la terre, dont les bornes se trouvent prodigieusement reculées.

Christophe Colomb avec le secours de cet instrument, juge sur la figure de la terre, qu'on peut trouver une route à la Chine, entre les deux tropiques; il la cherche, & tombant dans les isles Lucayes, qu'il ne cherchoit pas, il découvre l'Amérique, pour le bonheur ou le malheur de l'Europe.

Les bésicles étoient inventées depuis plusieurs siecles, pour aider à la foiblesse de la vue, sans qu'on imaginât l'effet de la multiplication des verres. Les enfans d'un Lunetier de Middelbourg, en jouant avec ces verres, s'apperçoivent tantôt fort loin, tantôt fort près; le bruit s'en répand, comme d'un fait plaisant, le peuple en rit, les femmes s'en amusent, les Grands s'en divertissent. La nouvelle parvient à Galilée, à trois cens lieues de distance, elle le frappe, il en tire, en philosophe, des conséquences, & vient après plusieurs expériences, à en former des télescopes, avec lesquels il voit des phases dans Mars, enrichit Jupiter de

nombre des malheureux & des crimes qu'enfantent l'indigence & l'oisiveté. La sa-

de satellites, & confirme le sistême de Copernic. La connoissance des objets hors de la vue par l'éloignement, conduit à la recherche de ceux, qui lui échappent par leur énorme petitesse, & donnent naissance au microscope. L'Univers s'aggrandit, on découvre de véritables nouveaux mondes. La navigation se perfectionne, les qualités occultes disparoissent, & l'Athéïsme est reduit en poudre.

Chacun sait que des matelots, faisant cuire du poisson sur le rivage de la mer, un feu violent fond le sable mêlé de morceaux de nitre, & manifeste la matiere du verre, dont l'industrie & le génie philosophique composent, bien des siecles après, les lunettes, les glaces, les télescopes, les microscopes, &c..

Que l'invention du levain, qui fait fermenter la pâte, lui donne plus de légereté & la rend de plus facile digestion, est due à l'économie d'une femme qui, voulant faire servir un reste de vieille pâte, la mêla avec de la nouvelle, d'où il résulta par hazard, contre son attente, ce que la chimie n'auroit peut-être pas encore inventé.

sagacité, qui prévient les maux, est bien supérieure à l'art qui y trouve des remedes.
Le.

Que ce fut une chevre, qui donna l'idée de tailler la vigne; cet animal ayant brouté un cep, on remarqua l'année suivante, qu'il donna plus de fruit que de coutume.

Que la peinture doit sa naissance au départ d'un amant regretté, que sa maitresse traça de profil sur la muraille avec du charbon, pour en conserver quelques traits pendant son absence.

Qu'on doit l'invention de l'imprimerie à un soldat & celle de la poudre à un moine.

Qu'un Indien, voulant monter sur un rocher couvert d'arbres & de buissons, s'attacha à une branche, qui sortoit d'une fente du rocher; la branche s'étant arrachée, l'Indien vit aussitôt paroitre quelque chose de brillant, c'est l'origine de la riche mine du Potosi.

Qu'un laboureur, voulant entourer sa terre d'une palissade, pour la rendre plus solide, il enchassa l'extrémité inférieure des pieux dans des troncs de lierre enterrés; ces pieux s'étant entés dans les troncs de lierre, ne firent plus qu'un corps & devinrent de grands arbres, ce qui fit naître l'invention admirable de la greffe.

Qui croiroit que la découverte des métaux est

Le nombre des infirmes diminua notablement dans les hopitaux, parce que les maladies, qui naissent de la fainéantise, de la malpropreté & de la dissolution, s'étoient éclipsées par le travail & par l'exercice.

Dans la persuasion que la pauvreté est un vice & que le pain ne manque qu'aux fainéans, on avoit extirpé la race de ces mendians de profession, que rien ne peut exciter au travail, en les renfermant dans des lieux où on les assujetissoit à certains travaux, suivant leurs forces ou leur aptitude, & où ils ne pouvoient jouir de quelques douceurs, qu'en se les procurant par leur assiduité & leur industrie.

Excepté le Régicide, le parricide & le cri-

est due aux incendies & aux tremblemens de terre; que c'est par l'embrasement d'une forêt & la violence du feu qui fondit le métal, que le fer a été découvert par les anciens, sur le Mont Ida, & que c'est aux vomissemens des
Vol-

crime de haute trahison, on ne prononçoit la peine de mort contre personne; on croyoit punir plus sensiblement les malfaiteurs, en les privant pour toujours de la liberté, & en les employant aux corvées, travail d'esclave à la rame, aux mines & autres travaux pénibles, mais utiles à la société, dont ils avoient troublé l'ordre & la sûreté. Les scélérats sont plus rigoureusement châtiés par la perte de leur liberté & l'asservissement au travail, que par un accident, qui termine leurs maux par un saut de la vie à la mort (a).

Quoique le pays fût rempli de mines abondantes en toutes sortes de métaux, on n'y employoit que les criminels; on dédai-

Volcans, que nous sommes redevables de l'invention de la Métallurgie?

(a) Ce qui fait qu'ailleurs la mort d'un criminel est une chose licite dans la société, c'est que la loi, qui le condamne, a été faite en sa faveur. *Montesq.*

daignoit d'y faire travailler par répugnance & on avoit horreur d'y sacrifier des sujets plus utilement occupés à la culture des terres, pour en tirer des métaux d'eux-mêmes absolument inutiles, qui ne sont que les signes des richesses & dont l'estime diminue par leur abondance ; puisque, n'ayant qu'une valeur idéale & le prix des denrées haussant en raison de leur masse, leur quantité ne produit qu'une opulence imaginaire pour l'Etat, & les travaux des mines, une perte réelle de citoyens.

Sur ce principe de la Loi Naturelle, que pour le maintien de l'ordre & de la sûreté publique aucun crime ne doit rester impuni, on avoit fermé tout asile, où un malfaiteur pût échapper à la sévérité des loix (a). On n'en accordoit point,

dans

―――――――――――――――――――
(a) Il étoit défendu à Rome, d'arracher de l'autel ceux, qui s'y étoient réfugiés; mais pourvû qu'on ne leur touchât pas, on pouvoit user de toutes sortes de stratagêmes & d'artifices pour les faire périr. La

dans les Etats étrangers, aux coupables de vol, d'aſſaſſinat, de rapt, de viol, d'empoiſonnement, de Leze-Majeſté, &c. On n'y donnoit refuge qu'à ceux, qui s'étoient trouvés dans des rencontres malheureuſes, ou impliqués dans de fâcheuſes affaires, où le deſſein prémédité n'avoit eu aucune part. On reſtituoit les criminels à la requiſition des Princes, qui avoient le droit de les faire punir. Cette convention réciproque prévenoit bien des deſordres & des forfaits trop multipliés auparavant, par l'eſpoir de l'impunité.

La Queſtion, ce tourment, qui eſt une affaire de tempérament, dont un ſcélérat vigoureux ſe tire, & où ſuccombe un innocent de complexion délicate, (*b*) ce ſup-

La mere de Pauſanias Lacédémonien porta la premiere pierre, pour murer l'aſile dans lequel ſon fils s'étoit ſauvé.

(*b*) *Etiam innocentes cogit mentiri dolor.*
ex Publii Syri Mimis. v. 191.

supplice, justement considéré comme un acte d'inhumanité, avoit été aboli & réservé pour les criminels déjà condamnés, dont on veut tirer l'aveu de leurs complices. Tant de jugemens précipités, de mémoires réhabilitées avoient démenti la certitude de découvrir les crimes, par des moyens si cruels, qu'on ne pouvoit concevoir, que, longtems après les siécles grossiers, on eût continué d'admettre un usage si barbare: cent semi-preuves peuvent-elles équivaloir à une preuve évidente? Le tourment est certain, le crime ne l'est pas. Eh! qu'y-a-t-il de plus précieux que le sang d'un citoyen? La probabilité doit-elle avoir lieu, hors les cas, où le risque de se tromper n'est pas considérable? Ne vaut-il pas mieux s'exposer à sauver vingt coupables, que de sacrifier un innocent?

Quelle qu'ait été l'origine de l'esclavage chez différens peuples; que ce droit soit parti d'un fond d'humanité ou de cruauté, il n'en est pas moins contraire à la Nature, qui fait naître tous les hommes égaux. Uniquement fondé sur la force, il dégrade l'humanité; il suppose du moins un Maître dur & impitoyable, & des sujets excessivement malheureux. Contraire au Gouvernement Monarchique, en ce qu'il avilit la Nature humaine, il en fait des brutes dans le Despotique. Ce droit odieux fut bientôt aboli chez les Sélénites, saisis d'horreur pour tout ce qui porte l'empreinte de la barbarie & de l'inhumanité.

Les Droits d'Aubeine, de débris & de naufrages &c, si contraires à l'humanité & à l'hospitalité, furent rejettés & supprimés, comme vestiges de l'ancienne barbarie.

De crainte d'avilir la plus noble des professions, on ne maltraitoit point les soldats; on ne les punissoit que par la privation, ou la suspension de leurs fonctions, & des privileges attachés au titre honorable de défenseur de la patrie.

L'a-

L'amour de la liberté est si fortement imprimé dans tous les cœurs, & l'inconstance si naturelle à la condition humaine, que les accidens qui en résultent, portent avec eux une sorte d'excuse. Sur cette sage considération, les déserteurs n'étoient pas rigoureusement punis; mais châtiés par la prison, & notés d'ignominie, jusqu'à ce qu'ils eussent réparé leur lâcheté par quelque action d'éclat. S'ils fuyoient armés, on les traitoit comme voleurs, & celui qui étoit repris, après avoir passé dans le camp ennemi, étoit puni, comme traître à la patrie.

Les innocens enfans d'un coupable n'étoient punis ni dans leur personne, comme de véritables criminels, ni dans les biens qu'ils tenoient de patrimoine, de leur travail ou de leur industrie; ils étoient seulement déclarés inhabiles à succéder aux biens & aux avantages, que leurs peres avoient acquis à titre de grace, comme pensions, fions, honneurs, dignités, nobleſſe, priviléges, &c.

L'opprobre, les punitions infamantes ne rejailliſſoient point injuſtement ſur la famille de celui qui avoit été flétri. Les crimes ſont perſonnels, ainſi que les actions honteuſes. On félicitoit au contraire les parens du criminel d'être délivrés d'un membre corrompu, ſujet indigne de la ſociété.

Les ſoins patriotiques du Gouvernement à maintenir les fortunes contre les abus dangereux & funeſtes du jeu, avoient donné lieu à des loix qui s'exécutoient, ſans rémiſſion, contre ceux, qui s'abandonnent aux jeux de hazard.

Jeu.

Le Jeu eſt communément une guerre entre amis, d'où la compaſſion eſt bannie, où l'on ne ſe fait aucun ſcrupule de ſe dépouiller réciproquement. Il eſt difficile, que la bonne-foi regne, où l'intérêt commande & la ruse est permise ; où la science & la combinaison donnent aux uns sur les autres, des avantages qui en chassent l'équité.

Les jeux de commerce & de société étoient tolérés comme délassemens ; mais les personnes d'une probité délicate s'en abstenoient, parce qu'ils consument un tems précieux, mieux employé à des occupations utiles ou agréables, & qu'ils sont, quoi qu'on en dise, un trafic perpétuel de subtilité & de perfidie, où l'on profite de l'ignorance & des distractions des autres : larcin, dont on ne se fait ordinairement aucune conscience, la corruption étant telle, qu'on va jusqu'à estimer l'habileté de celui, qui sait faire ce qu'on appelle sa partie bonne.

Il n'y a, exactement parlant, que les jeux d'exercice, aiguillonnés par un léger intérêt, qui puissent mériter une approbation universelle.

Les

Les jeux de hazard, où la science & l'adresse n'ont aucune part, ou l'égalité du sort est établie entre les joueurs, supposant la nécessité du jeu, seroient les plus légitimes, s'ils n'étoient en même tems les plus dangereux.

— Comme diversion, le jeu peut être permis; comme occupation, il est honteux; comme commerce, il est odieux & méprisable. Il a été quelquefois la source des actions les plus abominables; il a occasionné la prostitution, la ruine des familles, la perte de l'honneur, le vol, le meurtre, la destruction de soi-même; mais comme les maximes du Gouvernement tendoient moins à sévir, qu'à corriger par des voyes douces & sensibles; ceux, qui étoient convaincus de s'être livrés aux jeux de hazard, étoient condamnés pour la premiere fois, à restituer les sommes qu'ils avoient gagnées, au profit des hopitaux des insensés & des imbéciles. En cas de récidive, ils étoient diffamés, ainsi que par l'acquit des dettes du jeu. (*a*).

Il y avoit chez les Sélénites un nombre considérable d'usages & de coutumes qui, pour n'être pas tous d'une importance absolue, n'en étoient pas moins respectables. Je transcrirai ici ceux, qui se retracent à ma mémoire.

Etiquette.

L'Etiquette établie dans les Cours, & à leur exemple, dans les villes, ce tiran fastueux, qui exerce son empire jusques dans les plus basses conditions, qui préside dans les Conseils, qui entre dans les Traités, les Négociations, les Contrats, qui supplée au respect que l'orgueil refuse secrétement à ses supérieurs, & exige durement

de

―――――

(*a*). Le jeu n'étoit point connu chez les anciens, même dans la Grece. Seroit-ce parce qu'ils communiquoient peu avec les femmes ?

de ſes inférieurs, ce vain cérémonial enfin avoit été banni de tous les états, comme un obſtacle à l'expédition & au ſuccès des affaires, & comme des entraves à la concorde & à l'agrément de la ſociété.

Les égards n'étant plus conſidérés que comme le prix du mérite, & fondés ſur l'eſtime qu'il nous ravit, lorſqu'on ne diſtingue plus le reſpect pour la place, d'avec la conſidération pour la perſonne, l'Etiquette ne parut plus qu'une gêne, & ſombre de l'hommage naturel, qui ne doit rien à la réflexion.

L'Etiquette eſt l'eſclavage des Princes; ils commandent à tout, ils obéiſſent à l'Etiquette. Le Dôge de Veniſe achete l'ombre de la puiſſance ſouveraine, au prix de ſa liberté, & aux conditions que ſes enfans & ſes freres ſoient exclus des premieres charges de l'Etat. Il ne peut ouvrir aucune lettre, faire, ni recevoir de viſites particulieres qu'avec la permiſſion du Sénat,

& en présence d'honorables espions, qui ne le quittent point. Ne peut-on pas dire, que, prisonnier dans Venise, & même dans son palais, sa dignité de Doge étant à vie, il ne sort de captivité qu'à la fin de ses jours?

Le Roi de Loango en Afrique, prend, dit-on, ses repas dans deux maisons différentes; il mange dans l'une & boit dans l'autre. Peut-on imaginer la raison d'une sujétion si bisarre?

De quel œil de compassion ne doit-on pas envisager cet asservissement à des étiquettes étranges? Pour les observer trop exactement on a laissé périr à la chasse, ou dans les eaux, des Princes au milieu de gens faits pour les servir, parce que l'officier qui, par sa charge, avoit seul le droit de les secourir, ne s'y trouvoit pas présent.

Peut-

___

(a) L'Etiquette d'Espagne tient pour maxime, que l'austere décence fait partie des mœurs publi-

Peut-on sans frémir d'horreur, apprendre qu'un sujet zélé ait été condamné à perdre la vie, qu'il avoit exposée, pour sauver d'un incendie, une Reine en chemise (a) ?

La plus singuliere de toutes les Etiquettes des tems fabuleux est que les hommes étoient admis dans le lit des Déesses; mais qu'ils ne pouvoient manger avec Elles.

Nous regardons en pitié certains usages de peuples éloignés de nous; ne nous rendroient-ils pas la pareille avec usure, s'ils avoient connoissance de mille puérilités, auxquelles nous sommes scrupuleusement attachés ? entre autres de l'élection de ces Rois domestiques, dont le domaine est borné par la circonférence d'une table, & qui n'ont d'autre autorité que de conférer des charges sans exercice, & d'ordonner des

bliques, c'est pourquoi la Cour y est si sévèrement attachée.

des rasades. Ne nous prendroient-ils pas pour des insensés, s'ils apprenoient, qu'on sert pendant quelque tems une table splendide & délicate aux Grands, après leur mort; qu'on les interroge à chaque instant sur l'état de leur santé? Que penseroient-ils de ces promenades pieuses, où les sacrés misteres sont entourés de mascarades, & de flagellations indécentes? Enfin que diroient-ils de la fête des foux, dont il reste encore des vestiges, & dont le récit seul feroit horreur? Jugeroient-ils aussi favorablement que nous, de la sublimité de nos lumieres?

Le goût des sciences & de la vraie philosophie, joint à l'étude de la Nature, avoit produit ce bien chez les Sélénites, qu'il n'y avoit plus d'Athées. Ils étoient trop éclairés, pour l'être de cœur; ils craignoient trop le mépris & le ridicule, pour l'être d'esprit.

Il n'étoit pas permis d'employer indifféremremment les termes de *fort*, *destin*, *hazard*, *fatalité*, &c. Tout serment, qui n'étoit point autorisé par le juge, étoit un blasphême, ou une profanation.

Sur ce principe, qu'il n'y a, dans le moral, que Dieu qui puisse servir de modele à l'homme, & dans l'art, que la Nature; on n'entreprenoit point de représenter le Pere-Eternel, les Anges, & toutes les substances célestes dans des tableaux, sous des formes corporelles. On supposoit la Divinité derriere un nuage, d'où sortoient des rayons resplendissans, foible esquisse de la lumiere, qui environne l'Etre-Eternel. C'eût été une extravagance impie, que de lui attribuer une figure humaine, de lui supposer un sexe & des traits alterés par le tems. On regardoit comme une absurdité, de prétendre offrir aux yeux, sous des couleurs matérielles, ce qui ne sauroit être peint. On se contentoit sagement de reconnoître l'Essence, la Bonté

& la Puissance, infinies de l'Etre-Suprême, dans tout ce qui existe & manifeste sa grandeur, au lieu d'en confier témérairement l'expression à la foiblesse du pinceau.

Quant à la voûte azurée, aux étoiles, aux planetes, il étoit libre aux peintres de les représenter sous la forme & les couleurs, qu'elles paroissent à la vue, ainsi que de tracer les êtres métaphysiques par des emblêmes, & des attributs, jusqu'à ce que l'imagination se trouvât arrêtée, comme dans la représentation de l'écho.

L'astrologie judiciaire, la composition des talismans, la vertu occulte des nombres, l'art d'interpréter les songes, le secret de la transmutation, étoient des arts ou des sciences si souverainement méprisés, qu'ils conduisoient les adeptes, de plein saut, à l'hopital des insensés & des imposteurs.

On avoit retranché des divertissemens publics les danseurs de corde, qui ne proeurent qu'un plaisir insensé, même inhumain, puisqu'il naît moins de l'admiration de la dextérité, que du péril que courent le danseur, le sauteur & le voltigeur. On avoit aussi défendu les combats de bêtes féroces, qui ne peuvent que familiariser le peuple à voir répandre le sang.

On avoit banni les foux des Cours, on n'y toléroit que de vrais sages, d'un naturel enjoué qui, avec la liberté de parler, acquéroient le droit d'instruire, sans offenser par de prétendus bons-mots, que ne se permettent pas des esprits graves. Le nombre de ces Esopes étoit bien petit; car il faut beaucoup d'esprit & de sagesse, pour jouer ce personnage & y conserver l'art de plaire.

Quand il s'agissoit d'ériger un monument ou un édifice public, chacun étoit admis, sans distinction, au concours, & libre de fournir des plans & des idées. L'auteur du projet agréé, étoit récompensé d'une médaille de grand prix, & couronné publiquement. Il arrivoit quelquefois, au grand étonnement des plus célèbres artistes, que la couronne leur étoit enlevée par de simples amateurs, à qui ils ne pouvoient refuser leurs éloges.

Pour prévenir les funestes effets de la séduction, celui, qui étoit convaincu d'avoir offert un présent à un Ministre, à un Magistrat, étoit puni comme coupable de leze-équité. Si le présent étoit accepté, le corrompu étoit dégradé & subissoit l'infamie attachée au corrupteur: mais, de mémoire d'homme, le cas n'étoit point arrivé.

Toute sollicitation étoit considérée comme une insulte faite à la vertu, un doute outrageant du discernement du bienfaiteur,

(a) Les Athéniens éleverent, autrefois, une statue à l'honneur d'Esope, à cause de son beau génie, & poserent la figure de cet Esclave sur une base d'une éternelle durée, afin d'apprendre

teur, ou de l'intégrité d'un juge, & les présens, d'iniques instrumens de corruption. Pour exprimer ce que nous entendons par les mots de *grace, faveur, bienfait, protection*, il n'y avoit dans la langue Sélénite que le terme de *justice*, dans lequel est compris celui *d'équité*. L'homme le plus ignoré, de la plus basse extraction, avec des talens & de la vertu, pouvoit aspirer aux postes les plus éminens. De-là cette émulation louable pour y parvenir, & l'emploi utile & équitable de tant de génies qui, étouffés par le préjugé de naissance, auroient été perdus pour l'Etat. De-là ces services signalés, rendus par les Esope (*a*), les Rose, les Faber, les Jean Bart, les Dugué-trouin, les Vauban, les Catinat, les Ximenes, les Peretti & mille autres. On dre à tout le monde, que la carriere de l'honneur est ouverte à chacun, & que la gloire est le prix de la vertu & non pas de la naissance.

Phedre L. II. dans l'Epilogue.

On n'enfermoit que les foux dangereux ou forcenés. Souvent, en privant de la liberté ceux qui ont l'esprit dérangé, on les fait devenir furieux; en les laissant au contraire dans la société jouir des avantages de la folie, on contribue à leur bonheur. Dans quel état de la vie ne se sent-on pas quelquefois porté à envier une félicité à l'abri des maux, auxquels nous exposent souvent les écarts de la raison? Posséder, sans souci, d'immenses trésors, gouverner de vastes empires sans inquiétude, commander à toute la terre sans craindre les révoltes; jouir de tout sans peines, sans soins, sans dégoût, n'est-ce pas réaliser l'imagination? Eh! qu'arrive-t-il de plus heureux dans un sens rassis, qui ne soit également l'ouvrage de l'opinion? On n'est heureux ou malheureux qu'autant qu'on croit l'être, & que le délire ne cesse pas.

Comme l'ivresse, en attaquant les facultés du corps, énerve celles de l'âme, on enlevoit les ivrognes, de quelque qualité & condition qu'ils fussent; on les relâchoit ensuite, après leur avoir fait prendre un breuvage, qui leur donnoit, pour toujours, du dégoût & de l'aversion pour toutes les liqueurs, capables de nuire à la santé, d'affoiblir le cerveau & de déranger la raison. On appelloit cela, rendre les hommes à eux-mêmes; ils guerissoient ainsi sans s'en appercevoir. Il eût été à désirer, qu'on eût trouvé autant de remedes antipathiques aux vices de la société, comme la haine, la médisance, l'indiscretion, l'ingratitude, l'abus de l'esprit &c. Ces spécifiques ne se trouvent que dans l'étude & la pratique de la saine philosophie, que malheureusement peu de tempéramens sont disposés à mettre en usage.

Cette aveugle passion, qu'on appelle avarice, dont les effets sont incompréhensibles pour ceux qui n'en sont point entachés, qui fait qu'un homme se prive de tout

tout pour ne manquer de rien; qu'il possède moins les richesses, qu'il n'en est possédé; que, toujours indigent au sein de l'opulence, il prend pour un bien réel ce qui n'est qu'un moyen d'en acquérir (*a*); qu'il se rend esclave du prodigue; que, jamais enrichi par ses trésors, & toujours appauvri par ses désirs, il ne goute enfin que des plaisirs possibles: cette passion honteuse qui naît moins de la soif des richesses, qui est cupidité, que de la satisfaction insensée d'en repaître sa vue, avoit donné lieu à l'établissement de Tuteurs publics qui, en s'emparant de l'administration des biens de ces imbéciles, les forçoient de contribuer au bien de l'Etat, par la jouissance des commodités de la vie. Mais pour dédommager ceux, dont l'infirmité étoit plus dans les yeux que dans le cœur,

(*a*) Lucile se moque d'un certain avare qui, par testament, s'étoit institué son héritier.

sœur, on les promenoit, tous les jours, dans le Trésor-Royal, dont on leur accordoit la possession visuelle. Là ils contemploient à leur aise la couleur, la dureté & le nombre de ces métaux chéris, jusqu'à ce que, revenus de leur léthargie, ou guéris de leur folie, ils consentissent à vivre en hommes & en citoyens.

Quant à l'avare usurier, il étoit puni comme concussionnaire.

S'il y avoit des défauts nobles, comme il y en a d'excusables, la prodigalité pourroit être placée au rang des vertus sous le nom de générosité, ainsi que l'avarice se couvre de celui d'économie: mais tout excès est un vice, qu'un Gouvernement bien policé a droit de réprimer. C'est sur ce principe que l'Etat, aussi attentif à prévenir la dissipation, qu'à favoriser la circulation & entretenir l'équilibre dans les fortunes, avoit soumis les prodigues,

ainsi

ainsi que les avares (a), à l'inspection des Tuteurs publics qui, pour les tirer de leur égarement, leur faisoient éprouver, pendant quelque tems, les horreurs de la situation, dont ils étoient inévitablement menacés, en exposant à leurs yeux le tableau effrayant des crimes, auxquels conduit le désespoir. Devenus sages par ces leçons frappantes, données à tems, ils rentroient dans l'administration de leurs biens, épouvantés des maux & des écueils, auxquels la vertu est exposée, lorsque du comble de la fortune on se trouve précipité dans l'abîme d'une misere affreuse.

Le Suicide considéré, comme un acte de foiblesse plus que de force d'esprit, étoit en apparence autorisé par les loix; mais ce n'étoit, qu'après qu'on avoit obtenu la per-

_____
(a) Il n'y a point d'avarice ni de prodigalité absolues; il n'y a point d'avare qui n'ait sa générosité, ni de prodigue qui n'ait sa lésine, comme il n'y a point de sot qui n'ait sa finesse,

ni

permission de se délivrer d'un fardeau jugé insuportable, & qu'on avoit passé par certaines épreuves, qui avoient insensiblement éteint cette frénésie & dissipé ce délire, que des sages insensés ont témérairement appellé remede des maladies de l'âme. L'Exposant, après avoir déduit les motifs qui le portoient à se retirer de la société, étoit remis entre les mains de philosophes & de médecins, qui par de doux remedes & des argumens solides (*b*), le dégageoient des vapeurs & des illusions, qui tiennent les esprits animaux engourdis, & le renvoyoient toujours couvert de honte d'avoir projetté, par un acte téméraire, d'abréger des jours, dont le terme, qui n'est à la disposition ni à la connoissance

de

d'homme d'esprit qui n'ait sa bêtise : les extrémités se touchent.

(*b*) ——— *mentem sanari, corpus ut ægrum, Cernimus, & flecti medicinâ posse videmus.*
Lucret. L. III, v. 510.

de la créature, n'appartient qu'à celui de qui elle les tient.

On ne brûloit point les sorciers, à la honte du jugement & de la raison (a). Eût-on jamais dû le faire nulle part, puisque, si les accusés étoient vraiment magiciens, ils auroient éludé les supplices par la force de leur art, & que les Juges même devoient craindre leur ressentiment; tandis que s'ils ne l'étoient pas, on les punissoit injustement; ils ne méritoient donc que d'être bafoués pour leurs foiblesses, ou corrigés pour leurs supercheries.

Pour éviter le desordre & la confusion dans les généalogies, on joignoit toujours le nom de famille à celui du fief qu'on prenoit; la vanité des parvenus en étoit, sans doute, blessée: mais les rangs n'étant plus
con-

―――――
(a) L'Empereur Claude condamna à mort un Chevalier Romain, qui portoit dans son sein un œuf de serpent, pour enchanter ses Juges.

confondus par l'usurpation d'un nom illustre, enté sur une famille roturiere ou citadine, les arbres généalogiques se dressoient sans erreur, & les Grands jouissoient, sans orgueil & sans trouble, de la considération due à la haute naissance, qui ajoute au mérite, & aux vertus de ceux qui en soutiennent l'éclat.

Les Peres & les enfans n'avoient point la sotte vanité de se traiter comme des étrangers par les mots froids & indifférens de *Monsieur* & *Monseigneur*, au lieu des doux noms de pere & de fils, qui inspirent l'union & la confiance, & vivifient, entre eux, les tendres sentimens de la Nature.

Quand les abus sont nécessaires, & qu'on ne pourroit les détruire sans danger, il vaut mieux les soumettre à des loix, que de les abandonner à leurs propres désordres. Quand on ne peut estirper le vice, il faut au moins l'assujetir. Sur ces maximes, pour préserver l'honneur des femmes

mes vertueuses de la violence & de la brutalité, on toléroit les courtisannes ; mais leur état étoit soumis à tant d'opprobres & de sujétions humiliantes, que le Gouvernement étoit pleinement justifié de la triste & malheureuse nécessité de supporter un moindre mal, pour en éviter de plus considérables. Ces infâmes, exclues de la vie civile & privées des avantages de la société, ne pouvoient avoir aucune communication, même entre elles, & ignominieusement punies au moindre signe de desordre ou de scandale, elles étoient encore imposées à une taxe, dont le produit étoit scrupuleusement appliqué à l'entretien de celles, qui abandonnoient cette détestable profession.

On avoit établi diverses académies utiles ; entre autres une de commerce, une d'agriculture, une de morale, une de politique. Dans cette derniere on s'appliquoit avec soin au juste calcul des hommes,

mes, de leurs paſſions, de leurs lumieres. L'examen du paſſé, combiné avec le préſent, peut ſeul conduire à lire dans l'avenir. C'eſt l'unique branche de l'aſtrologie judiciaire, dont l'uſage ſoit permis, & que le tems puiſſe juſtifier.

On tenoit fréquemment, dans chaque académie, des conférences, où l'on diſcutoit contradictoirement ce qu'on appelle préjugés, comme un moyen aſſuré de détruire les erreurs & les opinions vulgaires, qui aviliſſent l'eſprit humain, dégradent la noble faculté de penſer & nuiſent à la félicité; mais on laiſſoit ſubſiſter volontiers certains préjugés qui, ſujets à de légers inconvéniens, ſont, à beaucoup d'égards, utiles au bien de l'Etat & au bonheur des particuliers, comme l'honneur, la bravoure, la crainte de l'opprobre, la politeſſe, certaines étiquettes, &c.

Aucun ſujet ne pouvoit engager ſa liberté qu'à l'âge, auquel la loi l'autoriſoit à diſ-

disposer de son bien. (a).

Je finirai ce chapitre par la description du temple allégorique de la Vérité, érigé par l'Empereur Régnant, en reconnoissance des avantages inestimables, qu'il en avoit tirés pour son bonheur & celui de ses peuples, en lui ouvrant un libre accès auprès du Trône.

Le Temple de la VERITE.

Les Poëtes ont logé la Vérité au fond d'un abîme inaccessible à l'esprit humain; c'est une hiperbole: on l'eût plus justement placée dans un désert aride, entourée de monstres qui en défendent l'approche, les passions, l'intérêt, la flatterie & les préjugés, qu'il faut vaincre pour la saisir.

Toute enveloppée de nuages qu'est la
Vé-

―――――
(a) Cela a été souvent dit & ne sauroit être trop répété.

Vérité, quand on la cherche avec un véritable défir de la trouver, on la rencontre, autant qu'il eſt de l'intelligence humaine de la connoître; mais toujours ſuffiſamment pour le beſoin.

Sur ce principe, généralement admis, les Sélénites avoient érigé à la VERITÉ un temple d'une ſtructure ſimple, mais noble, dans lequel, pour lever tout ſoupçon d'Idolatrie, il n'y avoit aucun culte. Il étoit chez ce peuple ſage, comme les ſimulacres, qui repréſentent parmi nous des vertus déſignées par les attributs, qui les accompagnent, & qu'on admire, ſans les honorer. L'édifice étoit ſitué au milieu d'un bois épais & champêtre, éloigné du tumulte des Cours & des villes, ſéjours peu propres à la méditation & au recueillement. Les ſtatues, dont il étoit décoré, faites par les plus habiles artiſtes, repréſentoient d'un côté la haine, la jalouſie,

Tome R. P l'eml'envie, la flatterie, la satire, l'ambition, l'Idolatrie & la superstition, enchaînées & tourmentées par les furies; de l'autre la justice, la candeur, le désintéressement, la soumission au Prince, le respect pour les loix, l'amitié & la bienfaisance couronnées de fleurs par les Muses.

Dans le fond du Temple, on voyoit sur un autel, majestueusement élevé, la Vérité, couverte d'un voile léger. Cet être métaphysique, considéré comme émanation de l'Etre-Suprême, y attiroit les hommes d'un naturel doux & sensible, amateurs de la vérité & disposés à la connoître. Ils y entroient avec le désir de la trouver & en sortoient rarement sans être pleinement satisfaits, si avant que d'y pénétrer, ils s'étoient dépouillés des passions & de l'usage trompeur des sens. On respiroit un air pur & tranquile, mais assez agité, pour écarter du sanctuaire ces tirans & vainqueurs des foibles Mortels, les erreurs, les opinions & les préjugés. Ce Temple étoit, en grand, l'emblême du cabinet des vrais Philosophes.

Fin du Premier Tome.

ERRATA.

Pour le Tome I.

Page.	Ligne.	Au lieu de	Lisez
4	2	tant sur	sur
16	14	quis	quia
18	19	Paro	Porro
20	2	Qu'elle	Quelle
23	21	quisquis	si quis
189	13	l'mpide	limpide
199	3	â	a
247	4	éphitetes	épitetes
253	7	q'elle	qu'elle
315	2	ancune	aucune

Pour le Tome II.

Page.	Ligne.	Au lieu de	Lisez
73	20	(a)	(b)
87	10	l'amitié	l'aménité
91	13	vértable	véritable
232	18	le notre?	le nôtre?
267	3	?	.

www.ingramcontent.com/pod-product-compliance
Lightning Source LLC
Chambersburg PA
CBHW070851170426
43202CB00012B/2034